Otto Mayr

Neue Aufgabenformen im Rechtschreibunterricht

Sicher rechtschreiben – Strategien erwerben – Arbeitstechniken anwenden

5. Klasse

Kopiervorlagen mit Lösungen

BRIGG Pädagogik

Bildnachweis:

S. 9 Montafoner Museen, Bludenz; S. 13, 15, 37, 42, 44, 46, 48, 90, 92 O. Mayr; S. 21, 23 Kreativhaus Berlin; S. 25 mobilesport.ch; S. 29, 31 Badische Zeitung/sam; S. 33, 35 Gerhard Maier; S.41, 43 Markus Henrichs; S. 45, 47 IKG, Landsberg; S. 49 Thüringer Allgemeine; S. 53, 55, 65, 69, 71 MEV, Augsburg; S. 73, 75 Elunosa/fotocommunity.com

Textnachweis:

Alle Texte für diesen Band wurden modifiziert und für den Unterrichtsgebrauch aufbereitet. Sie basieren auf folgenden Quellen: S. 9–12, 29, 31 Zeitschrift für Asbach-Bäumenheim, 14/2012; S. 13–16 Ralf Isau; S. 49, 51 Augsburger Allgemeine; S. 65–68 Dresen, Rainer/Schmid Anne Nina: Kein Alkohol für Fische unter 16; restliche Texte: O. Mayr

Gedruckt auf umweltbewusst gefertigtem, chlorfrei gebleichtem
und alterungsbeständigem Papier.

1. Auflage 2012
Nach den seit 2006 amtlich gültigen Regelungen der Rechtschreibung
© by Brigg Pädagogik Verlag GmbH, Augsburg
Alle Rechte vorbehalten.
Das Werk und seine Teile sind urheberrechtlich geschützt.
Jede Nutzung in anderen als den gesetzlich zugelassenen Fällen bedarf der vorherigen
schriftlichen Einwilligung des Verlages. Hinweis zu § 52 a UrhG: Weder das Werk noch seine
Teile dürfen ohne eine solche Einwilligung eingescannt und in ein Netzwerk eingestellt werden.
Dies gilt auch für Intranets von Schulen und sonstigen Bildungseinrichtungen.

ISBN 978-3-87101-752-0   www.brigg-paedagogik.de

Inhaltsverzeichnis

Einführung 5

1. Rechtschreibung kompakt

Welche Rechtschreibstrategien gibt es? – Informationsblatt für Schüler 6

Inhalte und Formen der Leistungsfeststellung – Informationsblatt für Lehrkräfte 7

2. Rechtschreibtraining

Das Jahr ohne Sommer
(Rechtschreibstrategien, Regelwissen, Ableitung, Abschreiben) 9

Der König der Bäume
(Rechtschreibstrategien, Textproduktion, Regelwissen, Ableitung) 13

Werbung weckt Wünsche
(Rechtschreibstrategien, Ableitung, Regelwissen) 17

Brauchen wir Musik für das Leben?
(Rechtschreibstrategien, Abschreiben, Nachschlagen von Wörtern) 21

Training – Arbeit für die Muskeln
(Rechtschreibstrategien, Abschreiben) 25

Tipp-Kick – ein Dauerbrenner
(Rechtschreibstrategien, Regelwissen) 29

Vor den Pyramiden
(Rechtschreibstrategien, Regelwissen) 33

Wir spielen „Nachtwächter"
(Rechtschreibstrategien, Abschreiben, Regelwissen, Ableitung, Textproduktion) 37

Achtung Baustelle!
(Rechtschreibstrategien, Regelwissen, Textproduktion, Textkorrektur) 41

Vorschulkinder zu Besuch
(Rechtschreibstrategien, Abschreiben, Textproduktion) 45

Wo kommt der Krater her?
(Rechtschreibstrategien, Abschreiben, Textproduktion, Ableitung, Textkorrektur) 49

Der Globus – ein Modell der Erde
(Rechtschreibstrategien, Regelwissen, Nachschlagen von Wörtern) 53

Welcher Sportschuh soll es sein?
(Rechtschreibstrategien, Regelwissen) 57

Wandernde Sterne
(Rechtschreibstrategien, Regelwissen, Textproduktion, Ableitung, Abschreiben) 61

Gericht verhängt Geldstrafe
(Rechtschreibstrategien, Regelwissen, Abschreiben) 65

Lernt der Mensch im Schlaf?
(Rechtschreibstrategien, Regelwissen, Abschreiben, Nachschlagen von Wörtern) 69

Nachtfrost im Frühling
(Rechtschreibstrategien, Regelwissen, Textkorrektur) 73

3. Modifizierte Diktate 77

4. Lernzielkontrollen

Lernzielkontrolle „Regelwissen" 81
Lernzielkontrolle „Ableitungen" 83
Lernzielkontrolle „Nachschlagen von Wörtern" 85
Lernzielkontrolle „Rechtschreibstrategien" 87

5. Leistungsfeststellung

Rechtschreibtest 1 89
Rechtschreibtest 2 93

Einführung

Die auf den Erkenntnissen der PISA-Studie gründende **Neukonzeption des Fachbereichs Rechtschreiben** erfordert eine Änderung der bisherigen Ziele und Inhalte des Rechtschreibunterrichts. Dabei wird die bisherige Praxis durch zeitgemäße Lehr- und Lernformen ersetzt.

Grundlage dieser Änderung ist eine Neubewertung der Ziele eines effektiven Rechtschreibunterrichts. So sollen gemäß der neuen didaktischen Überlegungen die Schüler/-innen in der Lage sein, Texte rechtschriftlich korrekt und in einer äußerlich ansprechenden Form vorzulegen. Auf ein sauberes Schriftbild und eine angemessene Gestaltung wird großer Wert gelegt. Außerdem dürfen die Schüler/-innen Texte unter Zuhilfenahme eines Wörterbuches überarbeiten.

Diese Neukonzeption der Rechtschreibung geht zunächst von der Integration der Rechtschreibung in die Textproduktion aus, wobei Kenntnisse aus dem Bereich „Sprache untersuchen" für die Rechtschreibung genutzt werden sollen.

Der neue Ansatz im Bereich Rechtschreiben fordert **neue Wege und neue Methoden**. Diese aufzuzeigen, ist Absicht und Inhalt dieses Bandes. Dabei nimmt die Anwendung von Rechtschreibstrategien eine dominierende Rolle ein. Weitere Aspekte der „neuen Rechtschreibung", die die Lehrkraft in ihren Unterricht integrieren sollte, sind:

- Regelwissen als grundlegendes Wissen über einfache Rechtschreibregeln
- Ableitungen als Erweiterung des Regelwissens
- Abschreiben als Mittel konzentrierten Schreibens
- Nachschlagen von Wörtern zum sicheren Umgang mit dem Wörterbuch
- Modifizierte Diktate als Ausdruck der neuen Rechtschreibdidaktik
- Textproduktion, ausgehend von Bildern, Schaubildern, Statistiken usw.
- Textkorrektur als wesentlicher Inhalt des neuen Rechtschreibunterrichts

Vielfältiges Übungsmaterial sowie die Anwendung und der Einsatz von Rechtschreibstrategien und **Rechtschreibtests** bieten der Lehrkraft eine Fülle an Möglichkeiten, um ihre Schüler/-innen an die Anforderungen des neuen Rechtschreibunterrichts heranzuführen.

Trotz aller Diskussionen um die neue Rechtschreibung: Rechtschreiben lernt man letztendlich nur durch Schreiben!

Otto Mayr

Welche Rechtschreibstrategien gibt es?

1. Ich trenne das Wort in einzelne Silben.
   Beispiel: Un – ter – tas – se (So höre ich beide „s".)

2. Ich bilde bei Nomen den Plural.
   Beispiel: Ra – sen – mä – her (So höre ich das „h".)

3. Ich bilde bei Adjektiven die Steigerungsform.
   Beispiel: sanft – sanfter (So höre ich das „t".)

4. Ich bilde bei Verben den Infinitiv.
   Beispiel: rinnt – rinnen (So höre ich beide „n".)

5. Ich setze vor das Wort einen Artikel.
   Beispiel: die Null (So erkenne ich das Nomen und schreibe das Wort groß.)

6. Ich suche ein verwandtes Wort aus der Wortfamilie.
   Beispiel: schläfrig: schlafen – Schlaf – Tiefschlaf
               (So erkenne ich den Wortstamm „ä" statt „e".)

7. Ich denke über den Sinn des Wortes nach.
   Beispiel: Das könntest du *wissen*. oder
               Er verfügt über ein breites *Wissen*.
               (So erkenne ich, ob es sich um ein Nomen oder um ein Verb handelt.)

8. Ich achte auf die Endung des Wortes.
   Beispiel: Großschreibung bei: -schaft, -tum, -heit, -keit, -nis, -ung
               Verwandt*schaft*, Eigen*tum*, Gesund*heit*, Heiter*keit*, Ärger*nis*, Verwend*ung*
               Kleinschreibung bei: -isch, -ig, -lich, -sam, -bar, -haft
               kind*isch*, winz*ig*, ärger*lich*, streb*sam*, wunder*bar*, launen*haft*

9. Ich beachte das Signalwort.
   Beispiel: Großschreibung nach: etwas, viel, wenig, manches, nichts
               etwas Gutes, *viel* Nutzloses, *wenig* Brauchbares, *manches* Schöne, *nichts* Erfreuliches

Name:	Datum:	Infoblatt

Inhalte und Formen der Leistungsfeststellung (1)

1. Rechtschreibstrategien

- Ein Wort in einzelne Silben zerlegen
- Bei Nomen den Plural des Wortes bilden
- Bei Adjektiven die Steigerungsform bilden
- Bei Verben die Infinitivform bilden
- Vor das Wort einen Artikel setzen
- Ein verwandtes Wort aus der Wortfamilie suchen
- Über den Sinn des Wortes nachdenken
- Auf die Endung des Wortes achten
- Auf das Signalwort achten

2. Regelwissen

- Dehnung
- Mitlautverdoppelung
- Schärfung mit -ck und -tz
- Schreibung der s-Laute
- Schreibung von „das" und „dass"
- Großschreibung
- Trennung von Wörtern
- Getrennt- und Zusammenschreibung

3. Ableitung

- Endungen bei Nomen: -heit, -keit, -ung, -schaft, -tum
- Endungen bei Adjektiven: -ig, -isch, -lich, -sam, -los, -bar, -haft
- Arbeit mit der Wortfamilie
- Auslautverhärtung b/p, g/k, d/t
- Vergleichsformen bei Adjektiven
- Wir-Formen bei Verben

4. Abschreiben

- Mitsprechwörter abschreiben
- Nachdenk- und Merkwörter abschreiben
- Texte in Sinnabschnitten abschreiben
- Abschreiben in einzelnen, selbst festgelegten Sinnschritten

Name:	Datum:	Infoblatt

Inhalte und Formen der Leistungsfeststellung (2)

5. Nachschlagen von Wörtern

- Nomen im Singular und im Plural mit Artikel schreiben
- Die Herkunft des Wortes beschreiben
- Die Bedeutung(-en) des Wortes beschreiben
- Die Betonung des Wortes beschreiben
- Das Wort trennen
- Die Angaben zur Aussprache des Wortes verstehen
- Mit Abkürzungen arbeiten
- Schreibung des Nomens im Genitiv

6. Modifizierte Diktate

- Anfangsbuchstabendiktat
- Lückentext mit anschließender Wörterbuchüberprüfung
- Kurzes Diktat mit anschließender Wörterbuchüberprüfung

7. Textproduktion

- Sätze zu Bildern schreiben
- Sätze zu Clustern schreiben
- Sätze zu Karikaturen schreiben
- Sätze zu Schaubildern schreiben
- Sätze zu einem thematischen Wortschatz schreiben

8. Textkorrektur

- Fehler mit Angabe der Fehlerzahl aus dem Text heraussuchen
- Fehler ohne Angabe der Fehlerzahl aus dem Text heraussuchen
- Angemerkte Falschschreibung berichtigen
- Angemerkte Falschschreibung (Computerdarstellung) berichtigen

| Name: | Datum: | **Arbeitsblatt** |

Das Jahr ohne Sommer (1)

Er ist als der kälteste Sommer in die Geschichte eingegangen. Fast 100 Tage lang regnete es und der Schnee fiel bis ins Flachland. Die Ernte im Horrorjahr 1816 war praktisch ausgefallen und somit stiegen die Getreidepreise um ein Vielfaches. Die Menschen hungerten; sie kochten Wurzeln und Kräuter, aßen Rattenfleisch und kratzten sogar Rinde von den Bäumen. Brot konnten sich nur die Wohlhabenden leisten. Weil es keinen Hafer mehr gab, mussten die Pferde geschlachtet werden. Ohne Pferde aber brach das Transportwesen zusammen und damit auch die restliche Lebensmittelversorgung. Die Menschen litten große Not.

1. Der Text lässt sich in drei Sinnabschnitte einteilen. Finde die einzelnen Abschnitte heraus und schreibe dann den Text – gegliedert in diese drei Abschnitte – fehlerfrei ab!

2. Schreibe die Verben aus dem Text heraus und bilde – wenn sie *nicht* in der Grundform stehen – den Infinitiv!

3. Im Text findest du neun Wörter mit Mitlautverdoppelung.
   a) Erkläre, wann ein Mitlaut/Konsonant verdoppelt wird!

   b) Suche nun die neun Wörter aus dem Text heraus und schreibe sie auf!

   c) Finde weitere fünf Wörter mit Mitlautverdoppelung und schreibe sie auf!

| Name: | Datum: | **Arbeitsblatt** |

Das Jahr ohne Sommer (2)

4. Im folgenden Text fehlen die Satzzeichen. Setze sie richtig ein!

Die Ursache für diese Katastrophe blieb lange Zeit im Dunkeln Erst 1920 konnte sie gefunden werden ein Vulkanausbruch in Indonesien Das entscheidende Ereignis fand am 10. April 1815 statt Am Abend dieses Tages explodierte der Vulkan Tambora mit einer solchen Gewalt dass der Ausbruch noch in einer Entfernung von 2 000 Kilometern zu hören war Es war der größte Vulkanausbruch seit 20 000 Jahren Die Folgen waren verheerend für den gesamten Planeten Die Staubwolke des Tambora legte sich wie ein Schleier um den Erdball die Sonnenstrahlen wurden abgelenkt die Atmosphäre kühlte ab Das „Jahr ohne Sommer" mit seinen Missernten und die nachfolgende Hungerkatastrophe waren eine direkte Folge dieses Vorgangs

5. Welche Rechtschreibstrategie wendest du an, um das Wort an der markierten Stelle richtig zu schreiben? Kreuze an!

Planet
- ☐ Ich bilde die Steigerungsform.
- ☐ Ich setze vor das Wort einen Artikel.
- ☐ Ich suche ein Wort aus der Wortfamilie.

Katastrophe
- ☐ Ich bilde die Mehrzahl.
- ☐ Ich bilde den Infinitiv.
- ☐ Ich trenne das Wort.

fand
- ☐ Ich bilde den Plural.
- ☐ Ich denke über den Sinn des Wortes nach.
- ☐ Ich bilde den Infinitiv.

Ereignis
- ☐ Ich bilde den Plural.
- ☐ Ich suche ein Wort aus der Wortfamilie.
- ☐ Ich trenne das Wort.

| Name: | Datum: | **Lösung** |

Das Jahr ohne Sommer (1)

1 Er ist als der kälteste Sommer in die Geschichte eingegangen. Fast 100 Tage lang regnete es und der Schnee fiel bis ins Flachland.

2 Die Ernte im Horrorjahr 1816 war praktisch ausgefallen und somit stiegen die Getreidepreise um ein Vielfaches. Die Menschen hungerten; sie kochten Wurzeln und Kräuter, aßen Rattenfleisch und kratzten sogar Rinde von den Bäumen. Brot konnten sich nur die Wohlhabenden leisten.

3 Weil es keinen Hafer mehr gab, mussten die Pferde geschlachtet werden. Ohne Pferde aber brach das Transportwesen zusammen und damit auch die restliche Lebensmittelversorgung. Die Menschen litten große Not.

1. Der Text lässt sich in drei Sinnabschnitte einteilen. Finde die einzelnen Abschnitte heraus und schreibe dann den Text – gegliedert in diese drei Abschnitte – fehlerfrei ab!

2. Schreibe die Verben aus dem Text heraus und bilde – wenn sie *nicht* in der Grundform stehen – den Infinitiv!

   ist – sein; eingegangen – eingehen; regnete – regnen; fiel – fallen; ausgefallen – ausfallen; stiegen – steigen; hungerten – hungern; kochten – kochen; aßen – essen; kratzten – kratzen; konnten – können; leisten; gab – geben; mussten – müssen; geschlachtet – schlachten; brach zusammen – zusammenbrechen; litten – leiden

3. Im Text findest du neun Wörter mit Mitlautverdoppelung.
   a) Erkläre, wann ein Mitlaut/Konsonant verdoppelt wird!

   Nach kurz gesprochenem Selbstlaut/Vokal wird der Mitlaut/Konsonant verdoppelt.

   b) Suche nun die neun Wörter aus dem Text heraus und schreibe sie auf!

   Sommer, Horrorjahr, ausgefallen, Rattenfleisch, konnten, mussten, zusammen, Lebensmittelversorgung, litten

   c) Finde weitere fünf Wörter mit Mitlautverdoppelung und schreibe sie auf!

   Pfanne, rennen, satt, Karren, rollen

| Name: | Datum: | Lösung |

Das Jahr ohne Sommer (2)

4. Im folgenden Text fehlen die Satzzeichen. Setze sie richtig ein!

Die Ursache für diese Katastrophe blieb lange Zeit im Dunkeln. Erst 1920 konnte sie gefunden werden: ein Vulkanausbruch in Indonesien. Das entscheidende Ereignis fand am 10. April 1815 statt. Am Abend dieses Tages explodierte der Vulkan Tambora mit einer solchen Gewalt, dass der Ausbruch noch in einer Entfernung von 2 000 Kilometern zu hören war. Es war der größte Vulkanausbruch seit 20 000 Jahren. Die Folgen waren verheerend für den gesamten Planeten. Die Staubwolke des Tambora legte sich wie ein Schleier um den Erdball, die Sonnenstrahlen wurden abgelenkt, die Atmosphäre kühlte ab. Das „Jahr ohne Sommer" mit seinen Missernten und die nachfolgende Hungerkatastrophe waren eine direkte Folge dieses Vorgangs.

5. Welche Rechtschreibstrategie wendest du an, um das Wort an der markierten Stelle richtig zu schreiben? Kreuze an!

Planet
- ☐ Ich bilde die Steigerungsform.
- ☒ Ich setze vor das Wort einen Artikel.
- ☐ Ich suche ein Wort aus der Wortfamilie.

Katastrophe
- ☐ Ich bilde die Mehrzahl.
- ☐ Ich bilde den Infinitiv.
- ☒ Ich trenne das Wort.

fand
- ☐ Ich bilde den Plural.
- ☐ Ich denke über den Sinn des Wortes nach.
- ☒ Ich bilde den Infinitiv.

Ereignis
- ☒ Ich bilde den Plural.
- ☐ Ich suche ein Wort aus der Wortfamilie.
- ☐ Ich trenne das Wort.

| Name: | Datum: | **Arbeitsblatt** |

Der König der Bäume (1)

In einer Welt, die der unseren nicht so unähnlich ist, lebte einmal ein Junge mit Namen Florian Buxbaum. Florian lachte gerne. Oft saß er auch nur vor einer hübschen Blume und betrachtete sie in stillem Staunen. Er liebte alle Pflanzen: große und kleine, dicke und dünne, grüne, blaue, rote und was man sich sonst noch so vorstellen kann. Gerne hockte er auch auf dem Ast eines mächtigen Baumes, von denen es einige auf dem Bauernhof seiner Eltern gab. Wenn er nur hoch genug hinaufkletterte, konnte er weit draußen den dunklen Wald sehen ...

1. Der Text oben ist der Beginn einer spannenden Erzählung von Ralf Isau. Schreibe Wörter auf, die dir zum Begriff „Wald" einfallen! Wie sieht ein Wald aus, welche Stimmen kann man hören, welche Geräusche, was kann passieren?

WALD

2. Bilde nun fünf Sätze zu den von dir gefundenen Wörtern aus Aufgabe 1 auf ein Blatt Papier! Verwende, wenn nötig, ein Wörterbuch und schreibe fehlerfrei!

3. In dem Text sind viele Adjektive enthalten. Schreibe sie hier auf!

_____
_____
_____

4. Steigere die Adjektive – wenn möglich – und ergänze drei selbst gewählte Beispiele!

_____
_____
_____
_____

| Name: | Datum: | **Arbeitsblatt** |

Der König der Bäume (2)

5. Im folgenden Text sind fünf Fehler enthalten. Finde sie, streiche die falsch geschriebenen Wörter durch und berichtige in den unteren Zeilen!

Der Wald wirkte an diesem Morgen verendert. Natürlich, der gewaltige Baumriese war immer noch da. Doch anders als am Abend zuvor bedrückte Florian nicht mehr das Gefül, von hungrigen Augen beobachtet zu werden. Wer immer nun aus dem Schutz der Blätter und Wipfel zu ihm herabschauen mochte, meinte es gut mit ihm.

Ganz in der Nähe des großen Baumes entdekte er einige Nüsse. Sie lagen so dicht beieinander, als hätte sie dort jemand für ihn zusammengetragen. Neugierig blickte er ins Astwerk der umstehenden Bäume empor. Er wollte ja nicht die Speisekammer eines Eichhörnchen oder eines anderen Waldbewohners plündern. Doch niemand Erhob Anspruch auf den Schatz.

_____

_____

6. Schreibe alle Nomen aus dem Eingangstext heraus, bei denen Einzahl und Mehrzahl gebildet werden kann! Setze jeweils den Artikel vor das Wort!

_____

_____

_____

7. Ergänze in der folgenden Tabelle die fehlenden Wörter!

Nomen (mit Artikel)	Verb (im Infinitiv)	Adjektiv
	fühlen	
der Anspruch		
		hungrig

Name: Datum: **Lösung**

Der König der Bäume (1)

In einer Welt, die der unseren nicht so unähnlich ist, lebte einmal ein Junge mit Namen Florian Buxbaum. Florian lachte gerne. Oft saß er auch nur vor einer hübschen Blume und betrachtete sie in stillem Staunen. Er liebte alle Pflanzen: große und kleine, dicke und dünne, grüne, blaue, rote und was man sich sonst noch so vorstellen kann. Gerne hockte er auch auf dem Ast eines mächtigen Baumes, von denen es einige auf dem Bauernhof seiner Eltern gab. Wenn er nur hoch genug hinaufkletterte, konnte er weit draußen den dunklen Wald sehen ...

1. Der Text oben ist der Beginn einer spannenden Erzählung von Ralf Isau. Schreibe Wörter auf, die dir zum Begriff „Wald" einfallen! Wie sieht ein Wald aus, welche Stimmen kann man hören, welche Geräusche, was kann passieren?

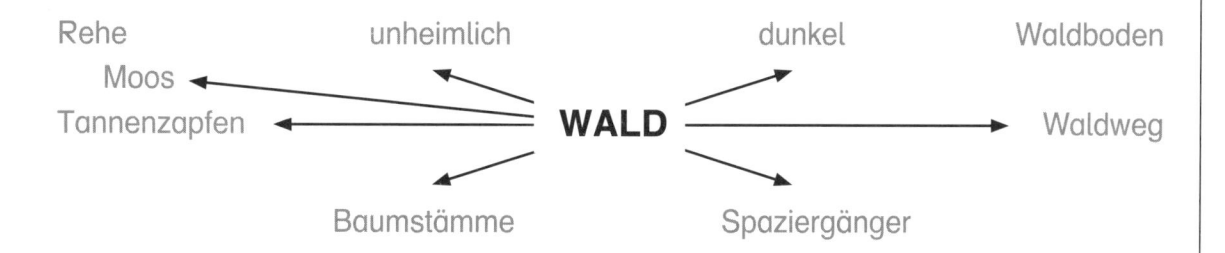

Rehe, Moos, Tannenzapfen, unheimlich, **WALD**, dunkel, Waldboden, Waldweg, Baumstämme, Spaziergänger

2. Bilde nun fünf Sätze zu den von dir gefundenen Wörtern aus Aufgabe 1 auf ein Blatt Papier! Verwende, wenn nötig, ein Wörterbuch und schreibe fehlerfrei!

3. In dem Text sind viele Adjektive enthalten. Schreibe sie hier auf!

unähnlich, gern, hübsch, still, groß, klein, dick, dünn, grün, blau, rot, mächtig, hoch, weit, dunkel

4. Steigere die Adjektive – wenn möglich – und ergänze drei selbst gewählte Beispiele!

hübsch – hübscher – am hübschesten, still – stiller – am stillsten, groß – größer – am größten, klein – kleiner – am kleinsten, dick – dicker – am dicksten, dünn – dünner – am dünnsten, mächtig – mächtiger – am mächtigsten, hoch – höher – am höchsten, weit – weiter – am weitesten, dunkel – dunkler – am dunkelsten

| Name: | Datum: | Lösung |

Der König der Bäume (2)

5. Im folgenden Text sind fünf Fehler enthalten. Finde sie, streiche die falsch geschriebenen Wörter durch und berichtige in den unteren Zeilen!

Der Wald wirkte an diesem Morgen ~~verendert~~. Natürlich, der gewaltige Baumriese war immer noch da. Doch anders als am Abend zuvor bedrückte Florian nicht mehr das ~~Gefül~~, von hungrigen Augen beobachtet zu werden. Wer immer nun aus dem Schutz der Blätter und Wipfel zu ihm herabschauen mochte, meinte es gut mit ihm.

Ganz in der Nähe des großen Baumes ~~entdekte~~ er einige Nüsse. Sie lagen so dicht beieinander, als hätte sie dort jemand für ihn zusammengetragen. Neugierig blickte er ins Astwerk der umstehenden Bäume empor. Er wollte ja nicht die Speisekammer eines ~~Eichhörnchen~~ oder eines anderen Waldbewohners plündern. Doch niemand ~~Erhob~~ Anspruch auf den Schatz.

verändert, Gefühl, entdeckte, Eichhörnchens, erhob

6. Schreibe alle Nomen aus dem Eingangstext heraus, bei denen Einzahl und Mehrzahl gebildet werden kann! Setze jeweils den Artikel vor das Wort!

der König – die Könige, der Baum – die Bäume, die Welt – die Welten,

der Junge – die Jungen, der Name – die Namen, die Blume – die Blumen,

die Pflanze – die Pflanzen, der Ast – die Äste, der Bauernhof – die Bauernhöfe,

der Wald – die Wälder

7. Ergänze in der folgenden Tabelle die fehlenden Wörter!

Nomen (mit Artikel)	Verb (im Infinitiv)	Adjektiv
das Gefühl	fühlen	fühlbar
der Anspruch	beanspruchen	anspruchsvoll
der Hunger	hungern	hungrig

| Name: | Datum: | **Arbeitsblatt** |

Werbung weckt Wünsche (1)

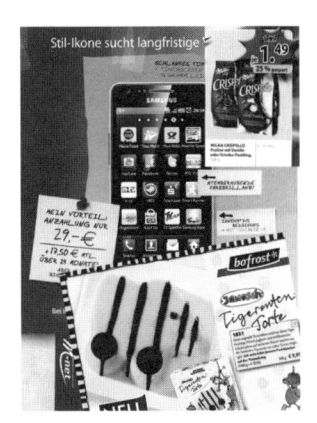

Ob wir es wollen oder nicht: Jeden Tag werden wir auf Werbung aufmerksam. Wir können ihr nicht entgehen, selbst wenn wir es wollten. Täglich wirkt sie auf uns ein: auf Plakaten, in Anzeigen und Beilagen in der Zeitung, im Radio, im Internet, über Lautsprecher im Supermarkt, im Fanshop-Katalog eines Fußballvereins. Für die Werbung muss von den Firmen, die Werbung betreiben, viel Geld ausgegeben werden. Wer viele Kunden gewinnen will, muss kräftig die Werbetrommel rühren. Ein altes Sprichwort aus der Geschäftswelt besagt: „Wer nicht wirbt, stirbt!"

1. Werbung kann vom Betrachter ganz unterschiedlich empfunden werden. Setze die Wortbausteine zu Adjektiven zusammen!

   > *fröh – tisch – zauber – tig – selt – wunder – lich – geschmack – haft – lus – bar – fantas – sam – los*

   _____

   _____

2. Schreibe zu den Endungen jeweils vier weitere Adjektive!

   -ig: _____

   -isch: _____

   -lich: _____

   -sam: _____

   -los: _____

   -bar: _____

   -haft: _____

3. Schreibe zu jedem Adjektiv aus Aufgabe 2 einen Satz auf ein Blatt Papier!

4. Ergänze den Merksatz sinnvoll!

   > Wörter mit den Endungen _____ und _____
   >
   > sind _____ und werden _____ geschrieben.

Name:	Datum:	**Arbeitsblatt**

Werbung weckt Wünsche (2)

5. Schreibe den Text in der sprachlich richtigen Form!

   WERBUNG INFORMIERT DEN VERBRAUCHER ÜBER NEUE PRODUKTE. AUS DIESEM GRUND IST SIE NOTWENDIG UND AUCH NÜTZLICH. DER VERBRAUCHER KANN SICH INFORMIEREN UND KANN ANGABEN ZUR QUALITÄT UND DER BESCHAFFENHEIT EINES PRODUKTS VERGLEICHEN. ANSCHLIEβEND KANN ER AUS DER VIELZAHL DER ANGEBOTE GEZIELT AUSWÄHLEN UND DAS PRODUKT KAUFEN, DAS SEINEN WÜNSCHEN UND VORSTELLUNGEN ENTSPRICHT.

   _____
   _____
   _____
   _____
   _____
   _____
   _____

6. Kreuze den Satz an, in dem keine Rechtschreibfehler enthalten sind!
   - ☐ Durch Werbung sollen Kunden angelockt und zum kaufen ermuntert werden.
   - ☐ Durch Werbung sollen Kunden angelokt und zum Kaufen ermundert werden.
   - ☐ Durch Werbung sollen Kunden angelockt und zum Kaufen ermuntert werden.
   - ☐ Durch Werbung sollen Kunden angelockt und zum Kaufen ermundert werden.

7. Welche Rechtschreibstrategie wendest du an, um das Wort an der markierten Stelle richtig zu schreiben? Kreuze an!

   Erkennungsmelodie
   - ☐ Ich bilde den Plural.
   - ☐ Ich suche ein verwandtes Wort aus der Wortfamilie.
   - ☐ Ich denke über den Sinn des Wortes nach.

   Werbebotschaft
   - ☐ Ich bilde den Infinitiv.
   - ☐ Ich achte auf die Endung des Wortes.
   - ☐ Ich setze einen Artikel vor das Wort.

   direkt
   - ☐ Das ist ein Merkwort. Ich muss es gelernt haben.
   - ☐ Ich achte auf die Endung des Wortes.
   - ☐ Ich steigere das Wort.

| Name: | Datum: | **Lösung** |

Werbung weckt Wünsche (1)

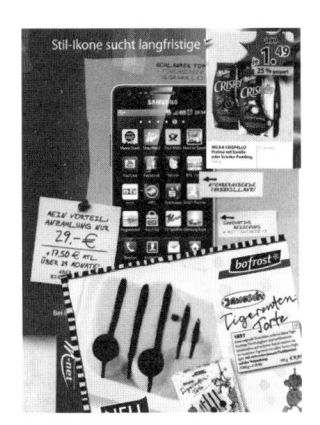

Ob wir es wollen oder nicht: Jeden Tag werden wir auf Werbung aufmerksam. Wir können ihr nicht entgehen, selbst wenn wir es wollten. Täglich wirkt sie auf uns ein: auf Plakaten, in Anzeigen und Beilagen in der Zeitung, im Radio, im Internet, über Lautsprecher im Supermarkt, im Fanshop-Katalog eines Fußballvereins. Für die Werbung muss von den Firmen, die Werbung betreiben, viel Geld ausgegeben werden. Wer viele Kunden gewinnen will, muss kräftig die Werbetrommel rühren. Ein altes Sprichwort aus der Geschäftswelt besagt: „Wer nicht wirbt, stirbt!"

1. Werbung kann vom Betrachter ganz unterschiedlich empfunden werden. Setze die Wortbausteine zu Adjektiven zusammen!

   fröh – tisch – zauber – tig – selt – wunder – lich – geschmack – haft – lus – bar – fantas – sam – los

   fröhlich – fantastisch – zauberhaft – lustig – seltsam – wunderbar – geschmacklos

2. Schreibe zu den Endungen jeweils vier weitere Adjektive!

   -ig: sandig, stetig, bergig, windig

   -isch: kindisch, logisch, modisch, optimistisch

   -lich: glücklich, friedlich, ordentlich, zuversichtlich

   -sam: gehorsam, schweigsam, empfindsam, langsam

   -los: glücklos, ziellos, sorglos, hoffnungslos

   -bar: sonderbar, brauchbar, lieferbar, begehbar

   -haft: schmerzhaft, schreckhaft, sagenhaft, schemenhaft

3. Schreibe zu jedem Adjektiv aus Aufgabe 2 einen Satz auf ein Blatt Papier!

4. Ergänze den Merksatz sinnvoll!

   Wörter mit den Endungen -ig, -isch, -lich, -sam, -los, -bar und -haft

   sind Adjektive und werden klein geschrieben.

| Name: | Datum: | Lösung |

Werbung weckt Wünsche (2)

5. Schreibe den Text in der sprachlich richtigen Form!

   WERBUNG INFORMIERT DEN VERBRAUCHER ÜBER NEUE PRODUKTE. AUS DIESEM GRUND IST SIE NOTWENDIG UND AUCH NÜTZLICH. DER VERBRAUCHER KANN SICH INFORMIEREN UND KANN ANGABEN ZUR QUALITÄT UND DER BESCHAFFENHEIT EINES PRODUKTS VERGLEICHEN. ANSCHLIEßEND KANN ER AUS DER VIELZAHL DER ANGEBOTE GEZIELT AUSWÄHLEN UND DAS PRODUKT KAUFEN, DAS SEINEN WÜNSCHEN UND VORSTELLUNGEN ENTSPRICHT.

   Werbung informiert den Verbraucher über neue Produkte. Aus diesem Grund ist sie notwendig und auch nützlich. Der Verbraucher kann sich informieren und Angaben zur Qualität und der Beschaffenheit eines Produkts vergleichen. Anschließend kann er aus der Vielzahl der Angebote gezielt auswählen und das Produkt kaufen, das seinen Wünschen und Vorstellungen entspricht.

6. Kreuze den Satz an, in dem keine Rechtschreibfehler enthalten sind!

   ☐ Durch Werbung sollen Kunden angelockt und zum kaufen ermuntert werden.
   ☐ Durch Werbung sollen Kunden angelokt und zum Kaufen ermundert werden.
   ☒ Durch Werbung sollen Kunden angelockt und zum Kaufen ermuntert werden.
   ☐ Durch Werbung sollen Kunden angelockt und zum Kaufen ermundert werden.

7. Welche Rechtschreibstrategie wendest du an, um das Wort an der markierten Stelle richtig zu schreiben? Kreuze an!

   Erkennungsmelodie
   ☐ Ich bilde den Plural.
   ☒ Ich suche ein verwandtes Wort aus der Wortfamilie.
   ☐ Ich denke über den Sinn des Wortes nach.

   Werbebotschaft
   ☐ Ich bilde den Infinitiv.
   ☒ Ich achte auf die Endung des Wortes.
   ☒ Ich setze einen Artikel vor das Wort.

   direkt
   ☒ Das ist ein Merkwort. Ich muss es gelernt haben.
   ☐ Ich achte auf die Endung des Wortes.
   ☐ Ich steigere das Wort.

| Name: | Datum: | **Arbeitsblatt** |

Brauchen wir Musik für das Leben? (1)

Jedes Kind braucht Musik. Singen mit den Eltern, Rhythmus klatschen im Kindergarten, die ersten Versuche mit Xylofon und Blockflöte – alles Anfänge und Möglichkeiten, Kinder für Töne und Klänge zu begeistern.
Dass die Beschäftigung mit Musik auch die Gehirnfunktionen anregt sowie die Kreativität, das logische Denken, die Feinmotorik und die Konzentrationsfähigkeit fördert, ist längst erwiesen.
Die Antwort auf unsere Ausgangsfrage kann also nur lauten: Musik für das Leben? Aber ja!

1. Im Text oben sind einige Wörter enthalten, die wirklich schwierig zu schreiben sind. Da gibt es nur eine Möglichkeit: Man muss sich die Schreibweise einprägen und üben. Schreibe deshalb diese besonders schwierigen Wörter hier auf!

   _____

   _____

2. Merke dir nun jeweils immer zwei dieser Wörter und schreibe sie auswendig in dein Heft – und zwar so lange, bis du alle sechs Wörter richtig schreiben kannst!

3. Finde die fehlenden Wörter und das Lösungswort!

   Bewegungsfähigkeit

   Regelmäßige Wiederkehr

   Mit den Eltern Lieder ...

   Nomen zu „konzentrieren"

   Musikinstrument

4. Welche Wörter sind hier versteckt?

   X n l y o f o _____   F k i u t n n o _____   t t t i K ä e v r a i _____

5. Setze die Merkwörter aus Aufgabe 1 richtig ein!

   Musik fördert die _____. Jana spielt _____. Wir müssen aufpassen, dass wir nicht aus dem _____ kommen. Musik regt die _____ an. _____ heißt: eigene Ideen entwickeln.

   Das Lernen eines Musikinstruments schult auch die _____.

| Name: | Datum: | **Arbeitsblatt** |

Brauchen wir Musik für das Leben? (2)

6. Erkläre, was ein Xylofon ist, und beantworte dann die Fragen zu diesem Eintrag im Wörterbuch!

   Xy|lo|f<u>o</u>n auch: ... phon *das*; -s, -e: Schlaginstrument, bei dem auf einem Holzrahmen befestigte Holzstäbe mit zwei Holzklöppeln geschlagen werden.

   Was ist ein Xylofon? _____

   Wie kann das Wort „Xylofon" noch geschrieben werden? _____

   Wie wird der Genitiv gebildet? _____

   Wie schreibt man das Wort „Xylofon" im Plural? _____

   Wie wird das Wort getrennt? _____

   Welche Silbe wird lang gesprochen? Woran erkennt man das? _____

7. In dem folgenden Text fehlen die Satzzeichen: zwei Punkte, zwei Kommas (ein drittes ist möglich!), ein Fragezeichen, ein Doppelpunkt, ein Ausrufezeichen. Setze ein!

   Das gemeinsame Musizieren in einer Gruppe macht den meisten Kindern sehr viel Spaß Wenn man erst einmal gelernt hat ein Instrument zu spielen merkt man wie wichtig man für die Gruppe ist Und wer würde nicht stolz auf seine eigene Leistung sein Das Musizieren mit mehreren anderen Schülern zeigt jedem Teilnehmer Auch auf mich kommt es an

8. Schreibe die Texte von Aufgabe 5 und 7 fehlerfrei ab. Lerne dabei jeweils einen Satz auswendig und schreibe ihn nieder!

9. Bau die Merkwörter aus Aufgabe 1 nach dem folgenden Muster auf und schreibe in dein Heft!

   R Rh Rhy Rhyt Rhyth Rhythm Rhythmu Rhythmus

Name: _____   Datum: _____   **Lösung**

Brauchen wir Musik für das Leben? (1)

Jedes Kind braucht Musik. Singen mit den Eltern, Rhythmus klatschen im Kindergarten, die ersten Versuche mit Xylofon und Blockflöte – alles Anfänge und Möglichkeiten, Kinder für Töne und Klänge zu begeistern.
Dass die Beschäftigung mit Musik auch die Gehirnfunktionen anregt sowie die Kreativität, das logische Denken, die Feinmotorik und die Konzentrationsfähigkeit fördert, ist längst erwiesen.
Die Antwort auf unsere Ausgangsfrage kann also nur lauten: Musik für das Leben? Aber ja!

1. Im Text oben sind einige Wörter enthalten, die wirklich schwierig zu schreiben sind. Da gibt es nur eine Möglichkeit: Man muss sich die Schreibweise einprägen und üben. Schreibe deshalb diese besonders schwierigen Wörter hier auf!

   Rhythmus – Xylofon – Gehirnfunktionen – Kreativität – Feinmotorik –

   Konzentrationsfähigkeit

2. Merke dir nun jeweils immer zwei dieser Wörter und schreibe sie auswendig in dein Heft – und zwar so lange, bis du alle sechs Wörter richtig schreiben kannst!

3. Finde die fehlenden Wörter und das Lösungswort!

Hinweis	Wort
Bewegungsfähigkeit	FEIN**M**OTORIK
Regelmäßige Wiederkehr	RHYTH**M**US
Mit den Eltern Lieder ...	**S**INGEN
Nomen zu „konzentrieren"	KONZENTRAT**I**ON
Musikinstrument	BLOC**K**FLÖTE

   Lösungswort: MUSIK

4. Welche Wörter sind hier versteckt?

   Xnl yof o → Xylofon

   Fki utn no → Funktion

   ttti Käev rai → Kreativität

5. Setze die Merkwörter aus Aufgabe 1 richtig ein!

   Musik fördert die Konzentrationsfähigkeit. Jana spielt Xylofon. Wir müssen aufpassen, dass wir nicht aus dem Rhythmus kommen. Musik regt die Gehirnfunktionen an. Kreativität heißt: eigene Ideen entwickeln. Das Lernen eines Musikinstruments schult auch die Feinmotorik.

| Name: | Datum: | **Lösung** |

Brauchen wir Musik für das Leben? (2)

6. Erkläre, was ein Xylofon ist, und beantworte dann die Fragen zu diesem Eintrag im Wörterbuch!

   Xy|lo|f<u>o</u>n auch: ... phon *das*; -s, -e: Schlaginstrument, bei dem auf einem Holzrahmen befestigte Holzstäbe mit zwei Holzklöppeln geschlagen werden.

Was ist ein Xylofon?	Ein Xylofon ist ein Schlaginstrument, bei dem auf einem ...
Wie kann das Wort „Xylofon" noch geschrieben werden?	das Xylofon; Xylophon
Wie wird der Genitiv gebildet?	des Xylofons; Xylophons
Wie schreibt man das Wort „Xylofon" im Plural?	die Xylofone; Xylophone
Wie wird das Wort getrennt?	Xy – lo – fon; Xy – lo – phon
Welche Silbe wird lang gesprochen? Woran erkennt man das?	Die dritte Silbe Strich unter dem letzten Selbstlaut

7. In dem folgenden Text fehlen die Satzzeichen: zwei Punkte, zwei Kommas (ein drittes ist möglich!), ein Fragezeichen, ein Doppelpunkt, ein Ausrufezeichen. Setze ein!

   Das gemeinsame Musizieren in einer Gruppe macht den meisten Kindern sehr viel Spaß. Wenn man erst einmal gelernt hat(,) ein Instrument zu spielen, merkt man, wie wichtig man für die Gruppe ist. Und wer würde nicht stolz auf seine eigene Leistung sein? Das Musizieren mit mehreren anderen Schülern zeigt jedem Teilnehmer: Auch auf mich kommt es an!

8. Schreibe die Texte von Aufgabe 5 und 7 fehlerfrei ab. Lerne dabei jeweils einen Satz auswendig und schreibe ihn nieder!

9. Bau die Merkwörter aus Aufgabe 1 nach dem folgenden Muster auf und schreibe in dein Heft!

   R   Rh   Rhy   Rhyt   Rhyth   Rhythm   Rhythmu   Rhythmus

| Name: | Datum: | **Arbeitsblatt** |

Training – Arbeit für die Muskeln (1)

Je mehr ein bestimmter Muskel belastet wird, desto größer und leistungsfähiger wird er. Wenn Muskeln dagegen über längere Zeit nicht beansprucht werden, baut sich die Muskulatur ab und wird schwächer. Deshalb sind die Aufwärmübungen zu Beginn einer Sportstunde wichtig und sinnvoll. Die Muskulatur wird dabei erwärmt; dann sind die Muskeln und Sehnen ausreichend auf Belastungen vorbereitet und können auf plötzliche und ruckartige Bewegungen geschmeidig reagieren. Aufwärmübungen helfen, Zerrungen und Muskelfaserrisse zu vermeiden.

1. Gliedere den Text in zwei Sinnabschnitte und schreibe ihn fehlerfrei in dein Heft!

2. Trenne alle Wörter, die vier oder mehr Silben aufweisen!

   _____

   _____

3. Trenne alle Wörter mit drei Silben!

   _____

   _____

4. Welche Rechtschreibstrategie wendest du an, um das Wort an der markierten Stelle richtig zu schreiben? Kreuze an!

   Muskelfaserbündel
   - ☐ Ich zerlege das Wort in einzelne Silben.
   - ☐ Ich bilde die Steigerungsform.
   - ☐ Ich suche verwandte Wörter aus der Wortfamilie.

   schlimm
   - ☐ Ich denke über den Sinn des Wortes nach.
   - ☐ Ich trenne das Wort.
   - ☐ Ich steigere das Wort.

   verständigt
   - ☐ Ich setze vor das Wort einen Artikel.
   - ☐ Ich bilde den Infinitiv.
   - ☐ Ich bilde den Plural.

Training – Arbeit für die Muskeln (2)

5. Schreibe den Text in der sprachlich richtigen Form in dein Heft!

ALLES REINE MUSKELSACHE

MUSKELN SORGEN DAFÜR, DASS WIR UNS BEWEGEN KÖNNEN. SELBST WENN WIR GANZ RUHIG SITZEN, BESTIMMEN SPEZIELLE MUSKELGRUPPEN UNSERE HALTUNG.
OHNE MUSKELN KÖNNTEN WIR NICHT LACHEN UND NICHT SPRECHEN. DAS SPRECHEN IST SOGAR SCHWERSTARBEIT FÜR DIE MUSKELN. EINEN SCHRITT ZU MACHEN IST FÜR UNS GANZ NORMAL. WENN MAN JEDOCH WEISS, DASS AN JEDEM SCHRITT UNGEFÄHR 200 VERSCHIEDENE MUSKELN BETEILIGT SIND, KANN MAN SICH GUT VORSTELLEN, DASS JEDE BEWEGUNG DES MENSCHEN EIN HOCHKOMPLIZIERTES ZUSAMMENSPIEL EINZELNER MUSKELN ERFORDERT.

6. Ergänze in der folgenden Tabelle die fehlenden Wörter!

Nomen (mit Artikel)	Verb (im Infinitiv)	Adjektiv
	beruhigen	
der Schritt		
		lächerlich
	bewegen	
die Arbeit		

7. Setze im folgenden Text die fehlenden Satzzeichen ein!

Wie arbeiten die Muskeln

Arbeitende Muskeln erkennt man an dem Wechselspiel zwischen Anspannung und Erschlaffung Dabei kann man das Anspannen der Muskeln fühlen mitunter auch sehen Sie werden dick und hart Wenn der Muskel entspannt ist fühlt er sich weich an und kann seitlich gegen die Knochen verschoben werden Dabei können wir die Arbeit der Skelettmuskeln mit unserem Willen bestimmen Wenn wir wollen ziehen sich diese Muskeln zusammen und bewegen unseren Körper Nicht bei allen Muskeln ist allerdings eine solche Beeinflussung möglich unseren Magen oder unseren Herzmuskel können wir nicht dahingehend beeinflussen schneller oder langsamer zu arbeiten

| Name: | Datum: | **Lösung** |

Training – Arbeit für die Muskeln (1)

1 Je mehr ein bestimmter Muskel belastet wird, desto größer und leistungsfähiger wird er. Wenn Muskeln dagegen über längere Zeit nicht beansprucht werden, baut sich die Muskulatur ab und wird schwächer.

2 Deshalb sind die Aufwärmübungen zu Beginn einer Sportstunde wichtig und sinnvoll. Die Muskulatur wird dabei erwärmt; dann sind die Muskeln und Sehnen ausreichend auf Belastungen vorbereitet und können auf plötzliche und ruckartige Bewegungen geschmeidig reagieren. Aufwärmübungen helfen, Zerrungen und Muskelfaserrisse zu vermeiden.

1. Gliedere den Text in zwei Sinnabschnitte und schreibe ihn fehlerfrei in dein Heft!

2. Trenne alle Wörter, die vier oder mehr Silben aufweisen!

   leis-tungs-fä-hi-ger; Mus-ku-la-tur; Auf-wärm-übun-gen; Be-las-tun-gen;

   vor-be-rei-tet; ruck-ar-ti-ge; Be-we-gun-gen; Mus-kel-fa-ser-ris-se

3. Trenne alle Wörter mit drei Silben!

   be-stimm-ter; be-las-tet; da-ge-gen; län-ge-re; be-an-sprucht; Sport-stun-de;

   aus-rei-chend; plötz-li-che; ge-schmei-dig; re-agie-ren; Zer-run-gen;

   ver-mei-den

4. Welche Rechtschreibstrategie wendest du an, um das Wort an der markierten Stelle richtig zu schreiben? Kreuze an!

   Muskelfaserbündel
   - [x] Ich zerlege das Wort in einzelne Silben.
   - [ ] Ich bilde die Steigerungsform.
   - [ ] Ich suche verwandte Wörter aus der Wortfamilie.

   schlimm
   - [ ] Ich denke über den Sinn des Wortes nach.
   - [ ] Ich trenne das Wort.
   - [x] Ich steigere das Wort.

   verständigt
   - [ ] Ich setze vor das Wort einen Artikel.
   - [x] Ich bilde den Infinitiv.
   - [ ] Ich bilde den Plural.

Training – Arbeit für die Muskeln (2)

5. Schreibe den Text in der sprachlich richtigen Form in dein Heft!

Alles reine Muskelsache

Muskeln sorgen dafür, dass wir uns bewegen können. Selbst wenn wir ganz ruhig sitzen, bestimmen spezielle Muskelgruppen unsere Haltung.
Ohne Muskeln könnten wir nicht lachen und nicht sprechen. Das Sprechen ist sogar Schwerstarbeit für die Muskeln. Einen Schritt zu machen ist für uns ganz normal. Wenn man jedoch weiß, dass an jedem Schritt ungefähr 200 verschiedene Muskeln beteiligt sind, kann man sich gut vorstellen, dass jede Bewegung des Menschen ein hochkompliziertes Zusammenspiel einzelner Muskeln erfordert.

6. Ergänze in der folgenden Tabelle die fehlenden Wörter!

Nomen (mit Artikel)	Verb (im Infinitiv)	Adjektiv
die Ruhe	beruhigen	ruhig
der Schritt	schreiten	schrittweise
das Lachen	lachen	lächerlich
die Bewegung	bewegen	beweglich
die Arbeit	arbeiten	arbeitslos, arbeitsam

7. Setze im folgenden Text die fehlenden Satzzeichen ein!

Wie arbeiten die Muskeln?

Arbeitende Muskeln erkennt man an dem Wechselspiel zwischen Anspannung und Erschlaffung. Dabei kann man das Anspannen der Muskeln fühlen, mitunter auch sehen. Sie werden dick und hart. Wenn der Muskel entspannt ist, fühlt er sich weich an und kann seitlich gegen die Knochen verschoben werden. Dabei können wir die Arbeit der Skelettmuskeln mit unserem Willen bestimmen. Wenn wir wollen, ziehen sich diese Muskeln zusammen und bewegen unseren Körper. Nicht bei allen Muskeln ist allerdings eine solche Beeinflussung möglich; unseren Magen oder unseren Herzmuskel können wir nicht dahingehend beeinflussen(,) schneller oder langsamer zu arbeiten.

| Name: | Datum: | **Arbeitsblatt** |

Tipp-Kick – ein Dauerbrenner (1)

Der Ball ist zwölfeckig, die Spieler stehen auf einem Bein und der Torwart fällt auf Knopfdruck um; Tipp-Kick ist Fußball im Kleinen und ein Dauerbrenner in allen Kinderzimmern. Edwin Mieg aus Schwenningen brachte Tipp-Kick im Jahr 1924 erstmals auf den Markt. Den Durchbruch schaffte das Spiel aber erst im Jahr 1954, als Deutschland zum ersten Mal Weltmeister wurde. Alle wollten plötzlich Tipp-Kick spielen und 180 000 Spiele wurden verkauft; der Durchbruch war geschafft. Seit dem Jahr 1959 gibt es Deutsche Meisterschaften im Tipp-Kick-Spiel.

1. Diktiert euch diesen Text gegenseitig und korrigiert anschließend die Fehler! Derjenige, der den Text als Zweiter schreibt, müsste weniger Fehler machen!

2. Im Text findest du mehrere Wörter mit Mitlautverdoppelung. Schreibe sie in der angegebenen Form heraus!

   _____

   _____

3. Ordne die Wörter aus Aufgabe 2 den einzelnen Gruppen von Mitlautverdoppelungen zu und finde selbst noch weitere Wörter!
   Verwende immer die Grundform bzw. die Einzahl!

   Wörter mit -pp: _____

   Wörter mit -nn: _____

   Wörter mit -ll: _____

   Wörter mit -mm: _____

   Wörter mit -ff: _____

4. Hier sind noch weitere Möglichkeiten der Mitlautverdoppelung. Finde jeweils Wörter dazu und schreibe sie auf!

   Wörter mit -tt: _____

   Wörter mit -rr: _____

   Wörter mit -ss: _____

5. Ergänze den Merksatz sinnvoll!

   | Nach einem _____ wird der Mitlaut verdoppelt. |

| Name: | Datum: | **Arbeitsblatt** |

Tipp-Kick – ein Dauerbrenner (2)

6. Ergänze die fehlenden Wörter in der Tabelle!

Nomen (mit Artikel)	Verb (im Infinitiv)	Adjektiv
	erhellen, aufhellen	
der Griff		
	brennen	
	retten	
der Jammer		

7. Im folgenden Text sind einige Fehler enthalten. Schreibe die fehlerhaften Wörter in der richtigen Schreibweise aus dem Text heraus!

Als Edwin Mieg das Tipp-Kick-Spiel auf den Markt brachte, waren die Spieler aus Blech und der Ball aus Korg. Weil aber die Blechspieler keinen festen Standt hatten, kam es schon ein Jahr später zu einer wichtigen Verbeserung: Die Spielfieguren bekamen Gewicht und wurden aus Blei gegosen. Seitdem funktioniert die Spielidee perfeckt.

___

8. Welche Rechtschreibstrategie wendest du an, um das Wort an der markierten Stelle richtig zu schreiben? Kreuze an!

Mi**sch**ung
- ☐ Ich suche ein Wort aus der Wortfamilie.
- ☐ Ich achte auf die Endung.
- ☐ Ich bilde den Plural.

sum**m**t
- ☐ Ich achte auf die Endung.
- ☐ Ich trenne das Wort in einzelne Silben.
- ☐ Ich bilde den Infinitiv.

sonnig
- ☐ Ich achte auf die Endung.
- ☐ Ich bilde den Infinitiv.
- ☐ Ich steigere das Wort.

9. Unterstreiche bei den folgenden Wörtern den kurz gesprochenen Selbstlaut/Vokal!

Tipp   Bahnhof   elf   kullern   Ratte   Rind   Ritter   bald

Uhr   baden   zittern   Gewitter   Ziel   nehmen   kommen   wiegen

| Name: | Datum: | **Lösung** |

Tipp-Kick – ein Dauerbrenner (1)

Der Ball ist zwölfeckig, die Spieler stehen auf einem Bein und der Torwart fällt auf Knopfdruck um; Tipp-Kick ist Fußball im Kleinen und ein Dauerbrenner in allen Kinderzimmern. Edwin Mieg aus Schwenningen brachte Tipp-Kick im Jahr 1924 erstmals auf den Markt. Den Durchbruch schaffte das Spiel aber erst im Jahr 1954, als Deutschland zum ersten Mal Weltmeister wurde. Alle wollten plötzlich Tipp-Kick spielen und 180 000 Spiele wurden verkauft; der Durchbruch war geschafft. Seit dem Jahr 1959 gibt es Deutsche Meisterschaften im Tipp-Kick-Spiel.

1. Diktiert euch diesen Text gegenseitig und korrigiert anschließend die Fehler! Derjenige, der den Text als Zweiter schreibt, müsste weniger Fehler machen!

2. Im Text findest du mehrere Wörter mit Mitlautverdoppelung. Schreibe sie in der angegebenen Form heraus!

   Tipp-Kick, Dauerbrenner, Ball, fällt, Fußball, allen, Kinderzimmern, Schwenningen, schaffte, wollten, geschafft

3. Ordne die Wörter aus Aufgabe 2 den einzelnen Gruppen von Mitlautverdoppelungen zu und finde selbst noch weitere Wörter! Verwende immer die Grundform bzw. die Einzahl!

   Wörter mit -pp: Tipp-Kick, tippen, nippen, Kappe, Puppe, Lippe

   Wörter mit -nn: Dauerbrenner, Schwenningen, kennen, gewinnen, sonnig

   Wörter mit -ll: Ball, fallen, Fußball, alle, wollen, knallen, drollig, hell

   Wörter mit -mm: Kinderzimmer, Kammer, Sommer, brummen, stemmen

   Wörter mit -ff: schaffen, Hoffnung, treffen, gaffen, Giraffe, griffig

4. Hier sind noch weitere Möglichkeiten der Mitlautverdoppelung. Finde jeweils Wörter dazu und schreibe sie auf!

   Wörter mit -tt: z. B. Wetter, Mitte, retten, ritterlich, bitter, Butter, klettern

   Wörter mit -rr: z. B. Verwirrung, klirren, Irrtum, närrisch, starren, murren

   Wörter mit -ss: z. B. Tasse, massig, rasseln, Messe, pressen, lässig

5. Ergänze den Merksatz sinnvoll!

   Nach einem _kurz gesprochenen Selbstlaut_ wird der Mitlaut verdoppelt.

| Name: | Datum: | Lösung |

Tipp-Kick – ein Dauerbrenner (2)

6. Ergänze die fehlenden Wörter in der Tabelle!

Nomen (mit Artikel)	Verb (im Infinitiv)	Adjektiv
die Helligkeit	erhellen, aufhellen	hell
der Griff	greifen	griffig
der Brenner	brennen	brennbar
der Retter	retten	rettungslos
der Jammer	jammern	jämmerlich

7. Im folgenden Text sind einige Fehler enthalten. Schreibe die fehlerhaften Wörter in der richtigen Schreibweise aus dem Text heraus!

Als Edwin Mieg das Tipp-Kick-Spiel auf den Markt brachte, waren die Spieler aus Blech und der Ball aus Korg. Weil aber die Blechspieler keinen festen Standt hatten, kam es schon ein Jahr später zu einer wichtigen Verbeserung: Die Spielfieguren bekamen Gewicht und wurden aus Blei gegosen. Seitdem funktioniert die Spielidee perfeckt.

Kork, Stand, Verbesserung, Spielfiguren, gegossen, perfekt

8. Welche Rechtschreibstrategie wendest du an, um das Wort an der markierten Stelle richtig zu schreiben? Kreuze an!

Mischung
- ☐ Ich suche ein Wort aus der Wortfamilie.
- ☒ Ich achte auf die Endung.
- ☐ Ich bilde den Plural.

summt
- ☐ Ich achte auf die Endung.
- ☐ Ich trenne das Wort in einzelne Silben.
- ☒ Ich bilde den Infinitiv.

sonnig
- ☒ Ich achte auf die Endung.
- ☐ Ich bilde den Infinitiv.
- ☐ Ich steigere das Wort.

9. Unterstreiche bei den folgenden Wörtern den kurz gesprochenen Selbstlaut/Vokal!

Tipp   Bahnhof   elf   kullern   Ratte   Rind   Ritter   bald

Uhr   baden   zittern   Gewitter   Ziel   nehmen   kommen   wiegen

| Name: | Datum: | **Arbeitsblatt** |

Vor den Pyramiden (1)

Staunend stehen die Touristen vor diesen kolossalen Bauwerken. Sie können es kaum fassen, dass schon vor mehr als viertausend Jahren, als es noch keine unserer heutigen technischen Mittel gab, die großen, gewaltigen Steinquader bis zu einer Höhe von fast 150 Metern emporgetürmt werden konnten. Man vermutet, dass sie auf schiefen Ebenen geschleift und auf untergelegten Rollen bewegt wurden. Welche Menschenmassen mussten von den Aufsehern angetrieben werden, um mit der Kraft der Muskeln diese ungeheure Arbeit zu bewältigen!

1. In dem Text sind einige Wörter mit den s-Lauten „s", „ss" und „ß" enthalten. Schreibe sie in der Grundform bzw. in der Einzahl heraus!

2. Trage die Wörter von Aufgabe 1 in die richtigen Spalten der Tabelle ein und finde jeweils weitere Wörter mit diesen s-Lauten!

Wörter mit -s-	Wörter mit -ss-	Wörter mit -ß-

3. Ergänze den Merksatz sinnvoll!

Nach einem _____ schreibt man „ss", nach einem _____ schreibt man „s" oder „ß".

4. Unterstreiche in den folgenden Wörtern den kurz gesprochenen Selbstlaut/Vokal!

Rose   Wasser   Besen   reißen   Biss   Bosheit   Narkose
Gasse   Vase   Gefäß   Spaß   Schluss   schließen   Los
lesen   schließlich   Gebiss   tosen   Verwesung   Geschoss   bloß

| Name: | Datum: | **Arbeitsblatt** |

Vor den Pyramiden (2)

5. Kreuze den Satz an, in dem alle Wörter richtig geschrieben sind!

   ☐ Die Könige befahlen den Bau der Pyramiden und Tausende von Menschen musten ihrem Befehl gehorchen.

   ☐ Die Könige befahlen den Bau der Pyramiden und Taußende von Menschen mussten ihrem Befehl gehorchen.

   ☐ Die Könige befahlen den Bau der Pyramiden und Tausende von Menschen mussten ihrem Befehl gehorchen.

   ☐ Die Könige befahlen den Bau der Pyramiden und Tausende von Menschen mussten ihrem Befel gehorchen.

6. In dem folgenden Text fehlen die Satzzeichen. Setze sie richtig ein!

   Die schweren Steinblöcke die zwischen 1 m und 1,5 m breit waren wurden so genau bearbeitet dass zwischen die einzelnen Steinblöcke nicht einmal mehr eine Messerklinge passte Wie aber kamen die Felsblöcke an die Baustelle Sie wurden zunächst Hunderte von Kilometern auf dem Nil mit Lastkähnen herantransportiert ehe sie mit Holzschlitten zur Baustelle gezogen wurden Allein die Rampe die zum Transport der Steine von der Anlegestelle der Schiffe bis zum Bauplatz benötigt wurde war etwa einen Kilometer lang und 20 Meter breit Was für eine grandiose Leistung

7. Welche Rechtschreibstrategie wendest du an, um das Wort an der markierten Stelle richtig zu schreiben? Kreuze an!

   blass
   ☐ Ich trenne das Wort.
   ☐ Ich schreibe nach kurzem Selbstlaut ein „ss".
   ☐ Ich suche ein verwandtes Wort aus der Wortfamilie.

   lässig
   ☐ Ich bilde den Plural.
   ☐ Ich achte auf die Endung des Wortes.
   ☐ Ich trenne nach Silben.

   wider
   ☐ Ich überprüfe die Wortart.
   ☐ Ich denke über den Sinn des Wortes nach.
   ☐ Ich bilde die Steigerungsform.

   schnäuzen
   ☐ Ich bilde den Infinitiv.
   ☐ Ich suche ein verwandtes Wort aus der Wortfamilie.
   ☐ Ich bilde die erste Vergangenheit.

| Name: | Datum: | **Lösung** |

Vor den Pyramiden (1)

Staunend stehen die Touristen vor diesen kolossalen Bauwerken. Sie können es kaum fassen, dass schon vor mehr als viertausend Jahren, als es noch keine unserer heutigen technischen Mittel gab, die großen, gewaltigen Steinquader bis zu einer Höhe von fast 150 Metern emporgetürmt werden konnten. Man vermutet, dass sie auf schiefen Ebenen geschleift und auf untergelegten Rollen bewegt wurden. Welche Menschenmassen mussten von den Aufsehern angetrieben werden, um mit der Kraft der Muskeln diese ungeheure Arbeit zu bewältigen!

1. In dem Text sind einige Wörter mit den s-Lauten „s", „ss" und „ß" enthalten. Schreibe sie in der Grundform bzw. in der Einzahl heraus!

   Tourist, dies, kolossal, sie, es, fassen, dass, viertausend, als, unser, groß, bis, fast, Menschenmasse, müssen, Aufseher, Muskel

2. Trage die Wörter von Aufgabe 1 in die richtigen Spalten der Tabelle ein und finde jeweils weitere Wörter mit diesen s-Lauten!

Wörter mit -s-	Wörter mit -ss-	Wörter mit -ß-
Tourist	kolossal	groß
dies	fassen	Stoß
sie	dass	Fußball
es	Menschenmasse	heißen
viertausend	müssen	Kloß
als	wissen	Buße
unser	Essig	Straße
bis	Kasse	beißen
fast	lassen	schließen
Aufseher	interessant	gießen
Muskel	essen	Spaß

3. Ergänze den Merksatz sinnvoll!

   Nach einem ___kurz gesprochenen Selbstlaut/Vokal___ schreibt man „ss", nach einem ___lang gesprochenen Selbstlaut/Vokal___ schreibt man „s" oder „ß".

4. Unterstreiche in den folgenden Wörtern den kurz gesprochenen Selbstlaut/Vokal!

   Rose   W<u>a</u>sser   Besen   reißen   B<u>i</u>ss   Bosheit   Narkose
   G<u>a</u>sse   Vase   Gefäß   Spaß   Schl<u>u</u>ss   schließen   Los
   lesen   schließlich   Geb<u>i</u>ss   tosen   Verwesung   Gesch<u>o</u>ss   bloß

| Name: | Datum: | **Lösung** |

Vor den Pyramiden (2)

5. Kreuze den Satz an, in dem alle Wörter richtig geschrieben sind!

   ☐ Die Könige befahlen den Bau der Pyramiden und Tausende von Menschen musten ihrem Befehl gehorchen.

   ☐ Die Könige befahlen den Bau der Pyramiden und Taußende von Menschen mussten ihrem Befehl gehorchen.

   ☒ Die Könige befahlen den Bau der Pyramiden und Tausende von Menschen mussten ihrem Befehl gehorchen.

   ☐ Die Könige befahlen den Bau der Pyramiden und Tausende von Menschen mussten ihrem Befel gehorchen.

6. In dem folgenden Text fehlen die Satzzeichen. Setze sie richtig ein!

   Die schweren Steinblöcke, die zwischen 1 m und 1,5 m breit waren, wurden so genau bearbeitet, dass zwischen die einzelnen Steinblöcke nicht einmal mehr eine Messerklinge passte. Wie aber kamen die Felsblöcke an die Baustelle? Sie wurden zunächst Hunderte von Kilometern auf dem Nil mit Lastkähnen herantransportiert, ehe sie mit Holzschlitten zur Baustelle gezogen wurden. Allein die Rampe, die zum Transport der Steine von der Anlegestelle der Schiffe bis zum Bauplatz benötigt wurde, war etwa einen Kilometer lang und 20 Meter breit. Was für eine grandiose Leistung!

7. Welche Rechtschreibstrategie wendest du an, um das Wort an der markierten Stelle richtig zu schreiben? Kreuze an!

   blass
   ☐ Ich trenne das Wort.
   ☒ Ich schreibe nach kurzem Selbstlaut ein „ss".
   ☐ Ich suche ein verwandtes Wort aus der Wortfamilie.

   lässig
   ☐ Ich bilde den Plural.
   ☒ Ich achte auf die Endung des Wortes.
   ☐ Ich trenne nach Silben.

   wider
   ☐ Ich überprüfe die Wortart.
   ☒ Ich denke über den Sinn des Wortes nach.
   ☐ Ich bilde die Steigerungsform.

   schnäuzen
   ☐ Ich bilde den Infinitiv.
   ☒ Ich suche ein verwandtes Wort aus der Wortfamilie.
   ☐ Ich bilde die erste Vergangenheit.

Name: Datum: **Arbeitsblatt**

Wir spielen „Nachtwächter" (1)

Die Spieler sitzen um einen Tisch. Der Spielleiter legt einige Gegenstände auf den Tisch und beginnt, eine vorbereitete Geschichte zu erzählen. Sobald einer der auf dem Tisch liegenden Gegenstände erwähnt wird, greifen alle zu und versuchen, dieses Beutestück zu erhaschen. Anstelle der Gegenstände können auch Spielmarken, Steinchen oder Nüsse verwendet werden. Diese dürfen dann weggenommen werden, wenn bestimmte Wörter im Text vorkommen. Wer am Ende keinen Gegenstand erhascht hat, wird zum „Nachtwächter" ernannt. „Nachtwächter" können auch mehrere Mitspieler werden!

1. Der Text lässt sich in drei Sinnabschnitte einteilen. Finde die einzelnen Abschnitte heraus und schreibe den Text – gegliedert in diese drei Abschnitte – fehlerfrei ab!

2. Schreibe die Nomen im Singular und Plural mit den jeweiligen Artikeln aus dem Text heraus!

3. Nomen erkennt man auch, wenn sie die Endungen -heit, -keit, -ung und -schaft aufweisen.
Leite aus den folgenden Verben und Adjektiven Nomen ab und trage sie in die einzelnen Spalten der Tabelle ein. Ergänze jede Spalte mit eigenen Wörtern!

frei – fruchtbar – meinen – erringen – wirken – achtsam – verwandt – bescheiden

-heit	-keit	-ung	-schaft

| Name: | Datum: | **Arbeitsblatt** |

Wir spielen „Nachtwächter" (2)

4. Schreibe den folgenden Text in der sprachlich richtigen Form!

   FLÜSTERKREIS

   DIE SPIELER SITZEN IM KREIS. DER SPIELLEITER FLÜSTERT SEINEM RECHTEN NACHBARN EINEN KURZEN SATZ INS OHR, DEN DIESER OHNE RÜCKFRAGE SO WEITERGEBEN MUSS, WIE ER IHN VERSTANDEN HAT. DER SATZ WANDERT NUN IM KREIS HERUM, BIS ER WIEDER BEIM SPIELLEITER GELANDET IST. MANCHMAL IST ES GANZ ERSTAUNLICH, WAS AUS EINEM SATZ GEWORDEN IST. VERSUCHT ES DOCH EINMAL!

5. Welche Rechtschreibstrategie wendest du an, um das Wort an der markierten Stelle richtig zu schreiben? Kreuze an!

   Spielleiter
   ☐ Ich zerlege das Wort in einzelne Silben.
   ☐ Ich setze vor das Wort einen Artikel.
   ☐ Ich denke über den Sinn des Wortes nach.

   Nähe
   ☐ Ich setze vor das Wort einen Artikel.
   ☐ Ich suche ein verwandtes Wort aus der Wortfamilie.
   ☐ Ich trenne das Wort.

   Begleitung
   ☐ Ich achte auf das Signalwort.
   ☐ Ich achte auf die Nachsilbe.
   ☐ Ich bilde die erste Vergangenheit.

6. Erstelle mit deinem Nachbarn ein Cluster zu dem Begriff „Spiel" und schreibe dazu zehn Sätze in dein Heft. Achte darauf, dass sich Aussage-, Frage- und Ausrufesätze abwechseln!

SPIEL

Wir spielen „Nachtwächter" (1)

1 Die Spieler sitzen um einen Tisch. Der Spielleiter legt einige Gegenstände auf den Tisch und beginnt, eine vorbereitete Geschichte zu erzählen. Sobald einer der auf dem Tisch liegenden Gegenstände erwähnt wird, greifen alle zu und versuchen, dieses Beutestück zu erhaschen.

2 Anstelle der Gegenstände können auch Spielmarken, Steinchen oder Nüsse verwendet werden. Diese dürfen dann weggenommen werden, wenn bestimmte Wörter im Text vorkommen.

3 Wer am Ende keinen Gegenstand erhascht hat, wird zum „Nachtwächter" ernannt. „Nachtwächter" können auch mehrere Mitspieler werden!

1. Der Text lässt sich in drei Sinnabschnitte einteilen. Finde die einzelnen Abschnitte heraus und schreibe den Text – gegliedert in diese drei Abschnitte – fehlerfrei ab!

2. Schreibe die Nomen im Singular und Plural mit den jeweiligen Artikeln aus dem Text heraus!

   der Nachtwächter – die Nachtwächter; der Spieler – die Spieler; der Tisch – die Tische; der Spielleiter – die Spielleiter; der Gegenstand – die Gegenstände; die Geschichte – die Geschichten; das Beutestück – die Beutestücke; die Spielmarke – die Spielmarken; das Steinchen – die Steinchen; die Nuss – die Nüsse; das Wort – die Wörter; der Text – die Texte

3. Nomen erkennt man auch, wenn sie die Endungen -heit, -keit, -ung und -schaft aufweisen.
   Leite aus den folgenden Verben und Adjektiven Nomen ab und trage sie in die einzelnen Spalten der Tabelle ein. Ergänze jede Spalte mit eigenen Wörtern!

   frei – fruchtbar – meinen – erringen – wirken – achtsam – verwandt – bescheiden

-heit	-keit	-ung	-schaft
Freiheit	Fruchtbarkeit	Meinung	Errungenschaft
Bescheidenheit	Achtsamkeit	Wirkung	Verwandtschaft
Besonnenheit	Dreistigkeit	Begleitung	Gefolgschaft
Dummheit	Dankbarkeit	Bemerkung	Hundertschaft
Echtheit	Vergesslichkeit	Einsparung	Grafschaft
Erschrockenheit	Formbarkeit	Bewässerung	Hinterlassenschaft
Gelehrtheit	Gangbarkeit	Verdünnung	Mannschaft

| Name: | Datum: | Lösung |

Wir spielen „Nachtwächter" (2)

4. Schreibe den folgenden Text in der sprachlich richtigen Form!

   Flüsterkreis

   Die Spieler sitzen im Kreis. Der Spielleiter flüstert seinem rechten Nachbarn einen kurzen Satz ins Ohr, den dieser ohne Rückfrage so weitergeben muss, wie er ihn verstanden hat.
   Der Satz wandert nun im Kreis herum, bis er wieder beim Spielleiter gelandet ist. Manchmal ist es ganz erstaunlich, was aus einem Satz geworden ist.
   Versucht es doch einmal!

5. Welche Rechtschreibstrategie wendest du an, um das Wort an der markierten Stelle richtig zu schreiben? Kreuze an!

   Spielleiter
   - [x] Ich zerlege das Wort in einzelne Silben.
   - [ ] Ich setze vor das Wort einen Artikel.
   - [ ] Ich denke über den Sinn des Wortes nach.

   Nähe
   - [ ] Ich setze vor das Wort einen Artikel.
   - [x] Ich suche ein verwandtes Wort aus der Wortfamilie.
   - [ ] Ich trenne das Wort.

   Begleitung
   - [ ] Ich achte auf das Signalwort.
   - [x] Ich achte auf die Nachsilbe.
   - [ ] Ich bilde die erste Vergangenheit.

6. Erstelle mit deinem Nachbarn ein Cluster zu dem Begriff „Spiel" und schreibe dazu zehn Sätze in dein Heft. Achte darauf, dass sich Aussage-, Frage- und Ausrufesätze abwechseln!

   Spiele im Garten

   Mitspieler   fair sein   Würfel   Spielregeln   Ruhe

   schnell reagieren   Kartenspiel   „Mensch-ärgere-dich-nicht"

   Würfelspiele   **SPIEL**   verstecken   Dachboden

   Eltern   Vorsicht!   Zimmer   Belohnung   Verlierer

   Freunde   niedergeschlagen   Stoppuhr   Trillerpfeife

   Stühle vorbereiten

| Name: | Datum: | **Arbeitsblatt** |

Achtung Baustelle! (1)

Straßen halten leider nicht ewig. Die vielen Fahrzeuge, die darüber hinwegrollen, beschädigen im Laufe der Zeit die Fahrbahndecke, sodass der Belag erneuert werden muss. Dabei ist das oberste Ziel, dass diese Arbeit schnell und gründlich ausgeführt wird. Das Planungsbüro, das für die Vergabe der Arbeiten zuständig ist, prüft genau, welche Firma den Auftrag erhalten soll. Allen ist natürlich klar, dass eine solche Baustelle ein Verkehrshindernis darstellt, das so schnell wie möglich wieder beseitigt werden sollte.

1. In dem Text findest du die Wörter „das" und „dass". Das Wort „das" ist entweder ein Artikel oder ein Pronomen, das Wort „dass" ist eine Konjunktion. Gib an, um welche Wortart es sich jeweils handelt!

   Dabei ist das (_____) oberste Ziel, dass (_____) diese Arbeit schnell und gründlich ausgeführt wird. Das (_____) Planungsbüro, das (_____) für die Vergabe der Arbeiten zuständig ist, prüft genau, welche Firma den Auftrag erhalten soll. Allen ist natürlich klar, dass (_____) eine solche Baustelle ein Verkehrshindernis darstellt, das (_____) so schnell wie möglich wieder beseitigt werden sollte.

2. Im folgenden Text sind einige Fehler enthalten. Finde sie und berichtige sie in den Zeilen daneben!

   Wenn die Fahrbahndeken erneuert werden müssen, haben die Bautrups der Straßenverwaltung immer viel zu tun. Bei solchen Baustellen ist es ganz wichtig, das sie sorgfältig gekennzeichnet werden, um die Autofahrer rechtzeitig zu wahren. Wer an Baustellen spielt oder das Schild, dass auf die Baustelle hinweist, beseitigt, kann einen schlimen Unfall verursachen. Ein Verhalten, das man nur als unverandwortlich bezeichnen kann.

| Name: | Datum: | **Arbeitsblatt** |

Achtung Baustelle! (2)

3. Schreibe zu diesem Bild fünf Sätze in dein Heft. Verwende dabei die Wörter „das" und „dass". Arbeite mit deinem Nachbarn!

Alles sauber! Schule hilft bei großer Müllsammelaktion

4. Welche Rechtschreibstrategie wendest du an, um das Wort an der markierten Stelle richtig zu schreiben? Kreuze an!

Literatur
- ☐ Ich denke über den Sinn des Wortes nach.
- ☐ Ich bilde den Plural.
- ☐ Ich zerlege das Wort in einzelne Silben.

beim Wandern
- ☐ Ich suche ein verwandtes Wort aus der Wortfamilie.
- ☐ Ich beachte das Signalwort.
- ☐ Ich bilde den Infinitiv.

neidisch
- ☐ Ich steigere das Wort.
- ☐ Ich achte auf die Endung des Wortes.
- ☐ Ich trenne das Wort.

5. Setze die Wörter „das" und „dass" richtig ein! Schreibe anschließend den Text fehlerfrei in dein Heft!

Es war sehr erfreulich, _____ sich auch in diesem Jahr die Schüler der 5. und 6. Klassen an der Straßensammlung des Landesbundes für Vogelschutz beteiligten. Ihrem großen Einsatz war es zu verdanken, _____ insgesamt ein Betrag von 1.800 Euro gesammelt werden konnte. _____ Team, _____ die Organisation übernommen hatte, verfasste dann auch den Zeitungsbericht.

Mit kleinen Geschenken bedankte sich der Landesbund für _____ Engagement, _____ die Schüler aufgebracht hatten. Alle freuten sich über _____ große Lob des Schulleiters.

Name: Datum: **Lösung**

Achtung Baustelle! (1)

Straßen halten leider nicht ewig. Die vielen Fahrzeuge, die darüber hinwegrollen, beschädigen im Laufe der Zeit die Fahrbahndecke, sodass der Belag erneuert werden muss. Dabei ist das oberste Ziel, dass diese Arbeit schnell und gründlich ausgeführt wird. Das Planungsbüro, das für die Vergabe der Arbeiten zuständig ist, prüft genau, welche Firma den Auftrag erhalten soll. Allen ist natürlich klar, dass eine solche Baustelle ein Verkehrshindernis darstellt, das so schnell wie möglich wieder beseitigt werden sollte.

1. In dem Text findest du die Wörter „das" und „dass". Das Wort „das" ist entweder ein Artikel oder ein Pronomen, das Wort „dass" ist eine Konjunktion. Gib an, um welche Wortart es sich jeweils handelt!

    Dabei ist das (___Artikel___) oberste Ziel, dass (___Konjunktion___) diese Arbeit schnell und gründlich ausgeführt wird. Das (___Artikel___) Planungsbüro, das (___Pronomen___) für die Vergabe der Arbeiten zuständig ist, prüft genau, welche Firma den Auftrag erhalten soll. Allen ist natürlich klar, dass (___Konjunktion___) eine solche Baustelle ein Verkehrshindernis darstellt, das (___Pronomen___) so schnell wie möglich wieder beseitigt werden sollte.

2. Im folgenden Text sind einige Fehler enthalten. Finde sie und berichige sie in den Zeilen daneben!

    Wenn die ~~Fahrbahndeken~~ erneuert werden   Fahrbahndecken
    müssen, haben die ~~Bautrups~~ der Straßen-   Bautrupps
    verwaltung immer viel zu tun. Bei solchen
    Baustellen ist es ganz wichtig, ~~das~~ sie sorg-   dass
    fältig gekennzeichnet werden, um die Auto-
    fahrer rechtzeitig zu ~~wahrnen~~. Wer an Bau-   warnen
    stellen spielt oder das Schild, ~~dass~~ auf die   das
    Baustelle hinweist, beseitigt, kann einen
    ~~schlimen~~ Unfall verursachen. Ein Verhalten,   schlimmen
    das man nur als ~~unverandwortlich~~ bezeichnen   unverantwortlich
    kann.

43

| Name: | Datum: | **Lösung** |

Achtung Baustelle! (2)

3. Schreibe zu diesem Bild fünf Sätze in dein Heft. Verwende dabei die Wörter „das" und „dass". Arbeite mit deinem Nachbarn!

Alles sauber! Schule hilft bei großer Müllsammelaktion

4. Welche Rechtschreibstrategie wendest du an, um das Wort an der markierten Stelle richtig zu schreiben? Kreuze an!

Literatur
- ☐ Ich denke über den Sinn des Wortes nach.
- ☐ Ich bilde den Plural.
- ☒ Ich zerlege das Wort in einzelne Silben.

beim Wandern
- ☐ Ich suche ein verwandtes Wort aus der Wortfamilie.
- ☒ Ich beachte das Signalwort.
- ☐ Ich bilde den Infinitiv.

neidisch
- ☐ Ich steigere das Wort.
- ☒ Ich achte auf die Endung des Wortes.
- ☐ Ich trenne das Wort.

5. Setze die Wörter „das" und „dass" richtig ein! Schreibe anschließend den Text fehlerfrei in dein Heft!

Es war sehr erfreulich, _dass_ sich auch in diesem Jahr die Schüler der 5. und 6. Klassen an der Straßensammlung des Landesbundes für Vogelschutz beteiligten. Ihrem großen Einsatz war es zu verdanken, _dass_ insgesamt ein Betrag von 1.800 Euro gesammelt werden konnte. _Das_ Team, _das_ die Organisation übernommen hatte, verfasste dann auch den Zeitungsbericht.

Mit kleinen Geschenken bedankte sich der Landesbund für _das_ Engagement, _das_ die Schüler aufgebracht hatten. Alle freuten sich über _das_ große Lob des Schulleiters.

| Name: | Datum: | **Arbeitsblatt** |

Vorschulkinder zu Besuch (1)

Unsere Schule bekam in der letzten Woche außergewöhnlichen Besuch; die Kinder des Kindergartens waren eingeladen, die Schule zu besichtigen. Ganz gespannt waren die Kleinen, als sie in der großen Aula vom Rektor begrüßt wurden. Anschließend erlebten die Kinder einige Schulstunden aktiv mit. Im Musikunterricht wurde gesungen, geklatscht, gepfiffen und es wurden verschiedene Instrumente ausprobiert. Besonders begeistert waren die Kinder vom Klavier und vom Saxofon. Danach hatten sich alle eine Pause verdient, die die Kinder im Schülercafé verbrachten.

1. In diesem Text sind einige schwierige Wörter enthalten.
   Schreibe sie aus dem Text heraus und begründe, warum du sie als besonders schwierig bezeichnest!

2. Bilde mit jedem dieser Wörter einen Satz und schreibe ihn in dein Heft. Arbeite mit deinem Nachbarn!

3. Findest du die gesuchten Wörter? Der Text oben kann dir helfen!

   Gegenteil von „passiv": _____

   Hat Ähnlichkeit mit einem Flügel: _____

   Schulleiter _____

   Die Kinder sitzen im ... _____

   Gehört zu den Holzblasinstrumenten: _____

   Sammelbegriff für Flöte, Klavier, Gitarre ... _____

   Großer Versammlungssaal _____

4. Setze die Wörter von Aufgabe 3 in die Sätze ein!

   Im Musiksaal waren für die Kinder viele _____ vorbereitet. Die Kinder nahmen _____ am Musikunterricht teil, indem sie gemeinsam mit den Schülern verschiedene Lieder sangen. Auch der _____ ließ es sich nicht nehmen, an diesem Unterricht teilzunehmen. Herr Keller, der Musiklehrer, zeigte den Kindern, wie das _____ gespielt wird. Manche Lieder begleitete er am _____. Nachdem die Kinder im _____ ihre Pause verbracht hatten, kamen anschließend alle wieder in der _____ zusammen.

| Name: | Datum: | **Arbeitsblatt** |

Vorschulkinder zu Besuch (2)

5. Bei Merkwörtern kannst du nicht auf Rechtschreibstrategien zurückgreifen. Meist gibt es nur eine Möglichkeit: Du musst dir die Schreibweise einprägen und üben. Welche Wörter sind hier versteckt?

a k t v i _____   S f a x n o o _____   R k r e o t _____

l a v K r e i _____   A a l u _____   S c f é r l h ü e a _____

6. Schreibe zu dem Bild rechts einen kurzen, zusammenhängenden Text und verwende möglichst viele unserer Merkwörter!

7. Welche Rechtschreibstrategie wendest du an, um das Wort an der markierten Stelle richtig zu schreiben? Kreuze an!

Weisheit
- ☐ Ich bilde die Mehrzahl.
- ☐ Ich achte auf die Endung des Wortes.
- ☐ Ich denke über den Sinn des Wortes nach.

Xylofon
- ☐ Merkwort: Ich präge mir die Schreibweise ein.
- ☐ Ich setze vor das Wort einen Artikel.
- ☐ Ich suche ein verwandtes Wort aus der Wortfamilie.

nah
- ☐ Ich bilde den Infinitiv.
- ☐ Merkwort: Ich präge mir die Schreibweise ein.
- ☐ Ich steigere das Wort.

| Name: | Datum: | **Lösung** |

Vorschulkinder zu Besuch (1)

Unsere Schule bekam in der letzten Woche außergewöhnlichen Besuch; die Kinder des Kindergartens waren eingeladen, die Schule zu besichtigen. Ganz gespannt waren die Kleinen, als sie in der großen Aula vom Rektor begrüßt wurden. Anschließend erlebten die Kinder einige Schulstunden aktiv mit. Im Musikunterricht wurde gesungen, geklatscht, gepfiffen und es wurden verschiedene Instrumente ausprobiert. Besonders begeistert waren die Kinder vom Klavier und vom Saxofon. Danach hatten sich alle eine Pause verdient, die die Kinder im Schülercafé verbrachten.

1. In diesem Text sind einige schwierige Wörter enthalten.
   Schreibe sie aus dem Text heraus und begründe, warum du sie als besonders schwierig bezeichnest!

   Aula, Rektor, aktiv, Instrumente, Klavier, Saxofon, Schülercafé

2. Bilde mit jedem dieser Wörter einen Satz und schreibe ihn in dein Heft. Arbeite mit deinem Nachbarn!

3. Findest du die gesuchten Wörter? Der Text oben kann dir helfen!

Gegenteil von „passiv":	aktiv
Hat Ähnlichkeit mit einem Flügel:	Klavier
Schulleiter	Rektor
Die Kinder sitzen im ...	Schülercafé
Gehört zu den Holzblasinstrumenten:	Saxofon
Sammelbegriff für Flöte, Klavier, Gitarre ...	Instrumente
Großer Versammlungssaal	Aula

4. Setze die Wörter von Aufgabe 3 in die Sätze ein!

   Im Musiksaal waren für die Kinder viele __Instrumente__ vorbereitet. Die Kinder nahmen __aktiv__ am Musikunterricht teil, indem sie gemeinsam mit den Schülern verschiedene Lieder sangen. Auch der __Rektor__ ließ es sich nicht nehmen, an diesem Unterricht teilzunehmen. Herr Keller, der Musiklehrer, zeigte den Kindern, wie das __Saxofon__ gespielt wird. Manche Lieder begleitete er am __Klavier__. Nachdem die Kinder im __Schülercafé__ ihre Pause verbracht hatten, kamen anschließend alle wieder in der __Aula__ zusammen.

| Name: | Datum: | **Lösung** |

Vorschulkinder zu Besuch (2)

5. Bei Merkwörtern kannst du nicht auf Rechtschreibstrategien zurückgreifen. Meist gibt es nur eine Möglichkeit: Du musst dir die Schreibweise einprägen und üben. Welche Wörter sind hier versteckt?

a k t v i — aktiv

S f a x n o o — Saxofon

R k r e o t — Rektor

l a v K r e i — Klavier

A a l u — Aula

S c f é r l h ü e a — Schülercafé

6. Schreibe zu dem Bild rechts einen kurzen, zusammenhängenden Text und verwende möglichst viele unserer Merkwörter!

7. Welche Rechtschreibstrategie wendest du an, um das Wort an der markierten Stelle richtig zu schreiben? Kreuze an!

Weisheit
- ☐ Ich bilde die Mehrzahl.
- ☒ Ich achte auf die Endung des Wortes.
- ☐ Ich denke über den Sinn des Wortes nach.

Xylofon
- ☒ Merkwort: Ich präge mir die Schreibweise ein.
- ☐ Ich setze vor das Wort einen Artikel.
- ☐ Ich suche ein verwandtes Wort aus der Wortfamilie.

nah
- ☐ Ich bilde den Infinitiv.
- ☐ Merkwort: Ich präge mir die Schreibweise ein.
- ☒ Ich steigere das Wort.

Wo kommt der Krater her? (1)

Plötzliche Erdbewegungen, bei denen metergroße Krater entstehen, sind in Deutschland in den vergangenen zwei Jahrzehnten öfter aufgetreten. Meist gingen diese Unglücksfälle glimpflich aus, wurden keine Menschen verschüttet oder gar getötet. Die Ursachen für diese Erdbewegungen bleiben oft unklar. Manchmal entstehen sie, wenn in einigen hundert Metern Tiefe in einer Karstlandschaft Salze ausgewaschen werden, sich deshalb ein Hohlraum bildet und das Gestein nachrutscht. In einem solchen Fall müssen Bewohner bedrohter Häuser vorübergehend evakuiert werden.

1. Der Text lässt sich in zwei Sinnabschnitte gliedern. Schreibe ihn untergliedert in dein Heft!

2. Schreibe alle Verben aus dem Text heraus. Bilde – wenn nötig – den Infinitiv!

3. Schreibe alle Adjektive aus dem Text heraus. Bilde – wenn nötig – die Grundform!

4. Finde möglichst viele Wörter zu der Wortfamilie „Stein". Versuche zunächst, ohne Wörterbuch zu arbeiten. Bilde dann zehn Sätze und schreibe sie in dein Heft!

STEIN

| Name: | Datum: | **Arbeitsblatt** |

Wo kommt der Krater her? (2)

5. Kreuze den Satz an, der keinen Fehler aufweist!

   ☐ In Sekunden schnelle hatte sich ein Loch in der Fahrbahn aufgetan.
   ☐ In Sekundenschnelle hatte sich ein Loch in der Fahrbahn auf getan.
   ☐ In Sekundenschnelle hatte sich ein Loch in der Fahrbahn aufgetan.
   ☐ In Sekundenschnelle hatte sich ein Loch in der Farbahn aufgetan.

6. Im folgenden Text fehlen die Satzzeichen. Ergänze!

   Im Juli 2009 mussten wegen eines Erdeinbruchs im westfälischen Kamen elf Wohnhäuser evakuiert werden Das etwa vier Meter tiefe und zwölf Meter umfassende Loch war bei Erdwärmebohrungen für einen Hausneubau entstanden Zudem bildeten sich Bodenrisse die sich immer weiter ausdehnten Daraufhin wurden die Häuser vorsorglich geräumt 46 Menschen mussten vorübergehend woanders untergebracht werden Verletzt wurde niemand Nach dem Zwischenfall war zunächst vermutet worden dass es sich um einen durch den Bergbau verursachten Tagebruch handelt Experten hatten dies jedoch ausgeschlossen Was war dann aber die Ursache für den Erdeinbruch

7. Berichtige die Fehler im folgenden Text! Schreibe den Text dann fehlerfrei in dein Heft!

   Als sich im nordrhein-westfälischen Siegen im Winter 2004 die Erde aufgetan hatte, wurden über 100 Anwohner für kurtze _____ Zeit obdachlos. Das sogenannte „Siegener Loch" brachte die Exberten _____ des Bergamtes zur Verzweiflung. Der acht Meter breite und mindesen _____ zehn Meter tiefe Krater zwischen den gepflegeten _____ Mehrfamilienhäusern schien tagelang nicht zu bendigen _____ .

8. Welche Rechtschreibstrategie wendest du an, um das Wort an der markierten Stelle richtig zu schreiben? Kreuze an!

   folgenschwer
   ☐ Ich denke über das Wort nach.
   ☐ Ich suche ein Wort aus der Wortfamilie.
   ☐ Ich zerlege das Wort in einzelne Silben.

   gestürzt
   ☐ Ich steigere das Wort.
   ☐ Ich bilde die Grundform.
   ☐ Ich trenne das Wort.

| Name: | Datum: | **Lösung** |

Wo kommt der Krater her? (1)

1 Plötzliche Erdbewegungen, bei denen metergroße Krater entstehen, sind in Deutschland in den vergangenen zwei Jahrzehnten öfter aufgetreten. Meist gingen diese Unglücksfälle glimpflich aus, wurden keine Menschen verschüttet oder gar getötet.

2 Die Ursachen für diese Erdbewegungen bleiben oft unklar. Manchmal entstehen sie, wenn in einigen hundert Metern Tiefe in einer Karstlandschaft Salze ausgewaschen werden, sich deshalb ein Hohlraum bildet und das Gestein nachrutscht. In einem solchen Fall müssen Bewohner bedrohter Häuser vorübergehend evakuiert werden.

1. Der Text lässt sich in zwei Sinnabschnitte gliedern. Schreibe ihn untergliedert in dein Heft!

2. Schreibe alle Verben aus dem Text heraus. Bilde – wenn nötig – den Infinitiv!

   kommt – kommen, entstehen, aufgetreten – auftreten, gingen – gehen, verschüttet – verschütten, getötet – töten, bleiben, ausgewaschen – auswaschen, bildet – bilden, nachrutscht – nachrutschen, müssen, evakuiert – evakuieren

3. Schreibe alle Adjektive aus dem Text heraus. Bilde – wenn nötig – die Grundform!

   plötzliche – plötzlich, metergroße – metergroß, öfter – oft, glimpflich, unklar, vorübergehend

4. Finde möglichst viele Wörter zu der Wortfamilie „Stein". Versuche zunächst, ohne Wörterbuch zu arbeiten. Bilde dann zehn Sätze und schreibe sie in dein Heft!

Steinzeit	steinhart	versteinern	Steinigung	Steinschlag
Steinadler	steinig	Steinmetz	steinreich	Steinkohle
	Steingarten	**STEIN**	Sandstein	Steinplatte
Steinbock	steinigen	Steinfliese	Steinlawine	Kalkstein
Naturstein	Grabstein	Pflasterstein	Edelstein	Mondgestein

| Name: | Datum: | **Lösung** |

Wo kommt der Krater her? (2)

5. Kreuze den Satz an, der keinen Fehler aufweist!

   ☐ In Sekunden schnelle hatte sich ein Loch in der Fahrbahn aufgetan.
   ☐ In Sekundenschnelle hatte sich ein Loch in der Fahrbahn auf getan.
   ☒ In Sekundenschnelle hatte sich ein Loch in der Fahrbahn aufgetan.
   ☐ In Sekundenschnelle hatte sich ein Loch in der Farbahn aufgetan.

6. Im folgenden Text fehlen die Satzzeichen. Ergänze!

   Im Juli 2009 mussten wegen eines Erdeinbruchs im westfälischen Kamen elf Wohnhäuser evakuiert werden. Das etwa vier Meter tiefe und zwölf Meter umfassende Loch war bei Erdwärmebohrungen für einen Hausneubau entstanden. Zudem bildeten sich Bodenrisse, die sich immer weiter ausdehnten. Daraufhin wurden die Häuser vorsorglich geräumt, 46 Menschen mussten vorübergehend woanders untergebracht werden. Verletzt wurde niemand. Nach dem Zwischenfall war zunächst vermutet worden, dass es sich um einen durch den Bergbau verursachten Tagebruch handelt. Experten hatten dies jedoch ausgeschlossen. Was war dann aber die Ursache für den Erdeinbruch?

7. Berichtige die Fehler im folgenden Text! Schreibe den Text dann fehlerfrei in dein Heft!

   Als sich im nordrhein-westfälischen Siegen im Winter 2004 die Erde aufgetan hatte, wurden über 100 Anwohner für kurtze _____kurze_____ Zeit obdachlos. Das sogenannte „Siegener Loch" brachte die Exberten _____Experten_____ des Bergamtes zur Verzweiflung. Der acht Meter breite und mindesen _____mindestens_____ zehn Meter tiefe Krater zwischen den gepflegeten _____gepflegten_____ Mehrfamilien-häusern schien tagelang nicht zu bendigen _____bändigen_____ .

8. Welche Rechtschreibstrategie wendest du an, um das Wort an der markierten Stelle richtig zu schreiben? Kreuze an!

   folgenschwer
   ☒ Ich denke über das Wort nach.
   ☐ Ich suche ein Wort aus der Wortfamilie.
   ☐ Ich zerlege das Wort in einzelne Silben.

   gestürzt
   ☐ Ich steigere das Wort.
   ☒ Ich bilde die Grundform.
   ☐ Ich trenne das Wort.

| Name: | Datum: | **Arbeitsblatt** |

Der Globus – ein Modell der Erde (1)

Nur die wenigsten Menschen besitzen heute noch einen Globus. Dabei bietet er einen besonderen Blick auf die Welt und selbst Angela Merkel hat einen in ihrem Büro im Kanzleramt stehen. Der Globus zeigt die Erde in verkleinerter Form und in ihrer Kugelgestalt. Als Martin Behaim im Jahre 1492 in Nürnberg das erste kugelförmige Modell der Erde entwickelte, gab er ihm die lateinische Bezeichnung für eine Kugel: Globus. Nur ein Globus ermöglicht den Blick auf die Erde mit den richtigen Größenverhältnissen und Entfernungen aller Ozeane, Kontinente und Länder.

1. Schreibe die Nomen in der Einzahl aus dem Text heraus und trenne dann, wenn möglich, das Wort!

   _____

   _____

   _____

2. Bilde nun die Mehrzahl der Nomen aus dem Text und trenne die Wörter!

   _____

   _____

   _____

3. Kläre den Eintrag aus dem Wörterbuch anhand folgender Fragen!

   Glo|bus, der; *Gen.* - *u.* -ses, *Plur.* ...ben *u.* -se [lat., „Kugel"]
   (Nachbildung der Himmelskörper, bes. der Erde)

   a) Was ist ein Globus?

      → _____

   b) Welcher Artikel steht vor dem Wort?   → _____

   c) Wie wird der Genitiv gebildet?   → _____

   d) Wie wird der Plural gebildet?   → _____

   e) Aus welcher Sprache stammt das Wort?   → _____

   f) Wie heißt das deutsche Wort für „Globus"?   → _____

Der Globus – ein Modell der Erde (2)

4. Schreibe den folgenden Text in der sprachlich richtigen Form!

DASGRADNETZDERERDE

DERGLOBUSISTMITEINEMNETZVONLINIENÜBERZOGEN – DEMGRADNETZ. INWEST-ÖSTLICHERRICHTUNGUMSPANNENDIEBREITENKREISEDIEERDE. DERGRÖSSTEVONIHNENISTDERÄQUATOR. DIEBREITENKREISEWERDEN VOMÄQUATORZUDENPOLENJEWEILSAUFSTEIGENDVON 0 BIS 90 NUMMERIERT.INNORDSÜDLICHERRICHTUNGVERLAUFENDIELÄNGENHALBKREISEODERMERIDIANE. VOMNULLMERIDIAN, DERDURCHGREENWICH, NAHE LONDON, VERLÄUFT, NUMMERIERTMANDIEMERIDIANENACHOSTUND NACHWESTJEWEILS VON 0 BIS 180.

5. Ergänze die fehlenden Wörter in der Tabelle!

Nomen (mit Artikel)	Verb (im Infinitiv)	Adjektiv
		rund
		klein
	danken	
die Erfindung		
der Mangel		

6. Welche Rechtschreibstrategie wendest du an, um das Wort an der markierten Stelle richtig zu schreiben? Kreuze an!

Meridian
- ☐ Ich setze vor das Wort einen Artikel.
- ☐ Merkwort: Ich präge mir die Schreibweise ein.
- ☐ Ich bilde die Mehrzahl.

Modell
- ☐ Ich bilde die Mehrzahl.
- ☐ Ich trenne das Wort.
- ☐ Ich suche verwandte Wörter aus der Wortfamilie.

erfinderisch
- ☐ Ich steigere das Wort.
- ☐ Ich zerlege das Wort in einzelne Silben.
- ☐ Ich achte auf die Endung.

| Name: | Datum: | **Lösung** |

Der Globus – ein Modell der Erde (1)

Nur die wenigsten Menschen besitzen heute noch einen Globus. Dabei bietet er einen besonderen Blick auf die Welt und selbst Angela Merkel hat einen in ihrem Büro im Kanzleramt stehen. Der Globus zeigt die Erde in verkleinerter Form und in ihrer Kugelgestalt. Als Martin Behaim im Jahre 1492 in Nürnberg das erste kugelförmige Modell der Erde entwickelte, gab er ihm die lateinische Bezeichnung für eine Kugel: Globus. Nur ein Globus ermöglicht den Blick auf die Erde mit den richtigen Größenverhältnissen und Entfernungen aller Ozeane, Kontinente und Länder.

1. Schreibe die Nomen in der Einzahl aus dem Text heraus und trenne dann, wenn möglich, das Wort!

   Glo-bus, Mo-dell, Mensch, Welt, Bü-ro, Kanz-ler-amt, Er-de, Form, Ku-gel-ge-stalt,

   Nürn-berg, Be-zeich-nung, Ku-gel, Blick, Grö-ßen-ver-hält-nis, Ent-fer-nung,

   Oze-an, Kon-ti-nent, Land

2. Bilde nun die Mehrzahl der Nomen aus dem Text und trenne die Wörter!

   Glo-ben/Glo-bus-se, Mo-del-le, Men-schen, Wel-ten, Bü-ros, Kanz-ler-äm-ter,

   Er-den, For-men, Ku-gel-ge-stal-ten, Be-zeich-nun-gen, Ku-geln, Bli-cke,

   Grö-ßen-ver-hält-nis-se, Ent-fer-nun-gen, Oze-ane, Kon-ti-nen-te, Län-der

3. Kläre den Eintrag aus dem Wörterbuch anhand folgender Fragen!

   Glo|bus, der; *Gen.* - *u.* -ses, *Plur.* ...ben *u.* -se [lat., „Kugel"]
   (Nachbildung der Himmelskörper, bes. der Erde)

   a) Was ist ein Globus?

   → Nachbildung der Himmelskörper, besonders der Erde

   b) Welcher Artikel steht vor dem Wort? → der Globus

   c) Wie wird der Genitiv gebildet? → des Globus oder des Globusses

   d) Wie wird der Plural gebildet? → die Globen oder die Globusse

   e) Aus welcher Sprache stammt das Wort? → Latein

   f) Wie heißt das deutsche Wort für „Globus"? → Kugel

| Name: | Datum: | **Lösung** |

Der Globus – ein Modell der Erde (2)

4. Schreibe den folgenden Text in der sprachlich richtigen Form!

   Das Gradnetz der Erde

   Der Globus ist mit einem Netz von Linien überzogen – dem Gradnetz. In west-östlicher Richtung umspannen die Breitenkreise die Erde. Der größte von ihnen ist der Äquator. Die Breitenkreise werden vom Äquator zu den Polen jeweils aufsteigend von 0 bis 90 nummeriert. In nord-südlicher Richtung verlaufen die Längenhalbkreise oder Meridiane. Vom Nullmeridian, der durch Greenwich, nahe London, verläuft, nummeriert man die Meridiane nach Ost und nach West jeweils von 0 bis 180.

5. Ergänze die fehlenden Wörter in der Tabelle!

Nomen (mit Artikel)	Verb (im Infinitiv)	Adjektiv
die Rundung	runden	rund
die Kleinigkeit	verkleinern	klein
der Dank	danken	dankbar
die Erfindung	erfinden	erfinderisch
der Mangel	bemängeln	mangelhaft

6. Welche Rechtschreibstrategie wendest du an, um das Wort an der markierten Stelle richtig zu schreiben? Kreuze an!

   Meridian
   - [ ] Ich setze vor das Wort einen Artikel.
   - [x] Merkwort: Ich präge mir die Schreibweise ein.
   - [ ] Ich bilde die Mehrzahl.

   Modell
   - [x] Ich bilde die Mehrzahl.
   - [ ] Ich trenne das Wort.
   - [ ] Ich suche verwandte Wörter aus der Wortfamilie.

   erfinderisch
   - [ ] Ich steigere das Wort.
   - [ ] Ich zerlege das Wort in einzelne Silben.
   - [x] Ich achte auf die Endung.

| Name: | Datum: | **Arbeitsblatt** |

Welcher Sportschuh soll es sein? (1)

Welcher Sportschuh soll im Sportunterricht getragen werden? Eine riesige Auswahl dient diesem Zweck.
Ziel muss jedoch sein, einen Schuh auszuwählen, den man sowohl in der Halle als auch im Freien tragen kann. Vollkommen ausreichend ist hier ein Universal-Hallensportschuh.
Nicht geeignete Schuhe stellen ein erhebliches Verletzungsrisiko dar. So bietet z. B. ein Laufschuh in der Halle bei Ballspielen nicht die notwendige Drehfreudigkeit und zu wenig Dämpfung bei Sprüngen. Durch seine besondere Sohlenkonstruktion ist zudem die Gefahr des Umknickens erhöht.

1. Der Text enthält mehrere Wörter mit einem Dehnungs-h. Findest du sie heraus? Erkläre auch, was Dehnung bedeutet!

   _____

   _____

   _____

2. Im Text ist noch eine andere Form der Dehnung zu finden. Sieben Wörter weisen diese Besonderheit auf. Schreibe sie in der Grundform bzw. in der Einzahl auf!

   _____

3. Die deutsche Sprache kennt noch weitere Formen der Dehnung. Unterstreiche die Wörter, die eine Dehnung beinhalten!

   sehen   Gefahr   Sohn   wagen   Saal   liegen   nicht   niemals

   ziehen   Bote   beruhigen   Boot   lesen   Bahn   vergessen   Seele

   Rettung   fließen   Schnee   zogen   Zoo   ziemlich   Wald   Ruhe

   Sportschuh   See   Stahl   kneten   Knie   Hoheit   Bohne   Armut

4. Ergänze die Sätze mit passenden Wörtern aus Aufgabe 3!

   Der Vater wartet am Bahnsteig auf seinen _____.

   Im Sportunterricht sollte der richtige _____ getragen werden.

   Als die Kinder sich alle auf eine Seite neigten, kippte das _____ um.

   Manche Urlauber _____ zu lange in der Sonne und erleiden einen Sonnenbrand. Wenn der erste _____ gefallen ist, holen die Kinder ihre Schlitten vom Dachboden. Für die große Feier wird der _____ festlich geschmückt.

   Im _____ kann man seltene Tiere bestaunen.

| Name: | Datum: | Arbeitsblatt |

Welcher Sportschuh soll es sein? (2)

5. Ergänze die Übersicht mit den Wörtern aus Aufgabe 3!

Dehnung durch -h-	Dehnung durch -ie-	Dehnung durch -aa-, -ee-, -oo-

6. Im folgenden Text fehlen die Satzzeichen. Ergänze sie und schreibe den Text dann in dein Heft!

Achtung Sportschuhe die man im Sportunterricht in der Halle trägt sollen nicht auf der Straße getragen werden Sie bringen Schmutz in die Sporthalle und erhöhen das Unfallrisiko weil die Rutschgefahr steigt Was soll man aber tun wenn der Hallensportschuh schon im Freien benutzt wurde Natürlich muss man dann diesen Schuh gründlich reinigen bevor man ihn in der Sporthalle wieder anzieht Das sollte für jeden Schüler selbstverständlich sein

7. Welche Rechtschreibstrategie wendest du an, um das Wort an der markierten Stelle richtig zu schreiben? Kreuze an!

Kaktus
- ☐ Ich bilde die Mehrzahl.
- ☐ Merkwort: Ich präge mir die Schreibweise ein.
- ☐ Ich trenne das Wort.

bohren
- ☐ Ich suche verwandte Wörter aus der Wortfamilie.
- ☐ Ich setze vor das Wort den Artikel.
- ☐ Ich bilde den Plural.

fabelhaft
- ☐ Ich steigere das Wort.
- ☐ Ich achte auf die Wortendung.
- ☐ Merkwort: Ich präge mir die Schreibweise ein.

etwas Wunderbares
- ☐ Ich denke über den Sinn des Wortes nach.
- ☐ Ich achte auf das Signalwort.
- ☐ Ich zerlege das Wort in einzelne Silben.

| Name: | Datum: | **Lösung** |

Welcher Sportschuh soll es sein? (1)

Welcher Sportschuh soll im Sportunterricht getragen werden? Eine riesige Auswahl dient diesem Zweck.
Ziel muss jedoch sein, einen Schuh auszuwählen, den man sowohl in der Halle als auch im Freien tragen kann. Vollkommen ausreichend ist hier ein Universal-Hallensportschuh.
Nicht geeignete Schuhe stellen ein erhebliches Verletzungsrisiko dar. So bietet z. B. ein Laufschuh in der Halle bei Ballspielen nicht die notwendige Drehfreudigkeit und zu wenig Dämpfung bei Sprüngen. Durch seine besondere Sohlenkonstruktion ist zudem die Gefahr des Umknickens erhöht.

1. Der Text enthält mehrere Wörter mit einem Dehnungs-h. Findest du sie heraus? Erkläre auch, was Dehnung bedeutet!

   Sportschuh, Auswahl, auszuwählen, sowohl, Drehfreudigkeit, Sohlenkonstruktion,

   Gefahr, erhöht

   Dehnung bedeutet, Laute, Silben oder Wörter lang gezogen auszusprechen.

2. Im Text ist noch eine andere Form der Dehnung zu finden. Sieben Wörter weisen diese Besonderheit auf. Schreibe sie in der Grundform bzw. in der Einzahl auf!

   riesig, dienen, dies, Ziel, hier, bieten, Ballspiel

3. Die deutsche Sprache kennt noch weitere Formen der Dehnung. Unterstreiche die Wörter, die eine Dehnung beinhalten!

   sehen <u>Gefahr</u> <u>Sohn</u> wagen <u>Saal</u> <u>liegen</u> nicht <u>niemals</u>
   <u>ziehen</u> Bote beruhigen <u>Boot</u> lesen <u>Bahn</u> vergessen <u>Seele</u>
   Rettung <u>fließen</u> <u>Schnee</u> zogen <u>Zoo</u> <u>ziemlich</u> Wald Ruhe
   <u>Sportschuh</u> <u>See</u> <u>Stahl</u> kneten <u>Knie</u> Hoheit <u>Bohne</u> Armut

4. Ergänze die Sätze mit passenden Wörtern aus Aufgabe 3!

   Der Vater wartet am Bahnsteig auf seinen _____Sohn_____.

   Im Sportunterricht sollte der richtige _____Sportschuh_____ getragen werden.

   Als die Kinder sich alle auf eine Seite neigten, kippte das _____Boot_____ um.

   Manche Urlauber _____liegen_____ zu lange in der Sonne und erleiden einen Sonnenbrand. Wenn der erste _____Schnee_____ gefallen ist, holen die Kinder ihre Schlitten vom Dachboden. Für die große Feier wird der _____Saal_____ festlich geschmückt.

   Im _____Zoo_____ kann man seltene Tiere bestaunen.

Name: Datum: **Lösung**

Welcher Sportschuh soll es sein? (2)

5. Ergänze die Übersicht mit den Wörtern aus Aufgabe 3!

Dehnung durch -h-	Dehnung durch -ie-	Dehnung durch -aa-, -ee-, -oo-
Gefahr	liegen	Saal
Sohn	niemals	Boot
Bahn	ziehen	Seele
Sportschuh	fließen	Schnee
Stahl	ziemlich	Zoo
Bohne	Knie	See

6. Im folgenden Text fehlen die Satzzeichen. Ergänze sie und schreibe den Text dann in dein Heft!

Achtung! Sportschuhe, die man im Sportunterricht in der Halle trägt, sollen nicht auf der Straße getragen werden. Sie bringen Schmutz in die Sporthalle und erhöhen das Unfallrisiko, weil die Rutschgefahr steigt. Was soll man aber tun, wenn der Hallensportschuh schon im Freien benutzt wurde? Natürlich muss man dann diesen Schuh gründlich reinigen, bevor man ihn in der Sporthalle wieder anzieht. Das sollte für jeden Schüler selbstverständlich sein!

7. Welche Rechtschreibstrategie wendest du an, um das Wort an der markierten Stelle richtig zu schreiben? Kreuze an!

Kaktus
- ☐ Ich bilde die Mehrzahl.
- ☒ Merkwort: Ich präge mir die Schreibweise ein.
- ☐ Ich trenne das Wort.

bohren
- ☒ Ich suche verwandte Wörter aus der Wortfamilie.
- ☐ Ich setze vor das Wort den Artikel.
- ☐ Ich bilde den Plural.

fabelhaft
- ☐ Ich steigere das Wort.
- ☒ Ich achte auf die Wortendung.
- ☐ Merkwort: Ich präge mir die Schreibweise ein.

etwas Wunderbares
- ☐ Ich denke über den Sinn des Wortes nach.
- ☒ Ich achte auf das Signalwort.
- ☐ Ich zerlege das Wort in einzelne Silben.

| Name: | Datum: | **Arbeitsblatt** |

Wandernde Sterne (1) *(aus einem Werbetext)*

Ein spannendes Buch für Kinder ab 10 Jahren.
Hier kommen die berühmtesten Denker der Antike zu Wort, die Antworten auf viele Fragen zum Verständnis der Welt entdeckt haben: Warum fällt der Apfel auf die Erde? Warum bleiben die Sterne am Himmel? Warum gibt es Tag und Nacht?
Bedeutende Wissenschaftler und Denker erklären, wie sie den Geheimnissen der Natur und des Daseins auf die Spur gekommen sind.
Eine spannende, leicht verständliche Einführung in die Welt der ersten Wissenschaftler mit interessanten Interviews und witzigen Zeichnungen.

1. Ergänze mithilfe des Textes die Lücken der folgenden Zusammenfassung!

    Wandernde Sterne

    Das _____ Buch eignet sich für Kinder ab 10 Jahren. Es

    handelt sich um eine leicht _____ Einführung in die Welt der

    ersten _____ .

    Berühmte _____ der Antike antworten auf grundsätzliche

    Fragen zum Verständnis der Welt. _____ Wissenschaftler

    erklären, wie sie den _____ der Natur auf die Spur gekommen

    sind.

2. Der Text enthält einige Adjektive. Schreibe sie in der Grundform aus dem Text heraus und bilde die Steigerungsformen!

    _____

    _____

Grundform	Steigerungs-/ Vergleichsstufe	Höchststufe

| Name: | Datum: | **Arbeitsblatt** |

Wandernde Sterne (2)

3. Unterstreiche die Adjektive, bei denen eine Steigerung keinen Sinn macht! Schreibe die anderen Adjektive mit den Steigerungsformen in dein Heft!

   spannend   berühmt   hoch   kalt   eckig   schmutzig   jung

   rund   scharf   völlig   windig   dünn   gefährlich

   blau   hell   weich   schriftlich   mild   ewig   brauchbar   nass

4. „Das" oder „dass" – setze richtig ein und unterstreiche die Adjektive im Satz!

   Ich denke, _____ dieses zauberhafte Buch dir großen Spaß machen wird.

   Das scheue Reh, _____ im dunklen Wald verschwand, war nur kurz zu sehen.

   Man sollte es nicht für möglich halten, _____ immer wieder vergessliche

   Menschen ihren Geldbeutel im Geschäft liegen lassen. Ich bringe dir das neue

   Heft, _____ du im Klassenzimmer übersehen hast.

5. Ergänze die fehlenden Wörter in der Tabelle!

Nomen (mit Artikel)	Verb (im Infinitiv)	Adjektiv
		würzig
die Helligkeit		
		gesund
die Planung		
	folgen	

6. Schreibe den folgenden Text in der sprachlich richtigen Form!

   ufo der geheimen welt

   frank hat ein raumschiff gesichtet und ist auf geheimnisvolle weise verschwunden. er lockt so ben, thomas und miriam in ein gefährliches abenteuer. auf der suche nach frank werden sie in einem raumschiff eingeschlossen. damit finden sie sich bald in einer fantastischen unterwasserstadt wieder, umgeben von seltsamen wesen. eine vollkommen durchgeplante und automatische welt hält ben und seine freunde in atem.

7. Bilde aus den Silben zehn Adjektive und schreibe je einen Satz dazu in dein Heft!

   acht – er – lig – kin – haft – un – glück – dau – streb – sam – disch – be – tig – lau – geh – lich – bar – bar – los – nisch – neb – wich – er – reich

| Name: | Datum: | **Lösung** |

Wandernde Sterne (1) *(aus einem Werbetext)*

Ein spannendes Buch für Kinder ab 10 Jahren.
Hier kommen die berühmtesten Denker der Antike zu Wort, die Antworten auf viele Fragen zum Verständnis der Welt entdeckt haben: Warum fällt der Apfel auf die Erde? Warum bleiben die Sterne am Himmel? Warum gibt es Tag und Nacht?
Bedeutende Wissenschaftler und Denker erklären, wie sie den Geheimnissen der Natur und des Daseins auf die Spur gekommen sind.
Eine spannende, leicht verständliche Einführung in die Welt der ersten Wissenschaftler mit interessanten Interviews und witzigen Zeichnungen.

1. Ergänze mithilfe des Textes die Lücken der folgenden Zusammenfassung!

   Wandernde Sterne

   Das _spannende_ Buch eignet sich für Kinder ab 10 Jahren. Es handelt sich um eine leicht _verständliche_ Einführung in die Welt der ersten _Wissenschaftler_.

   Berühmte _Denker_ der Antike antworten auf grundsätzliche Fragen zum Verständnis der Welt. _Bedeutende_ Wissenschaftler erklären, wie sie den _Geheimnissen_ der Natur auf die Spur gekommen sind.

2. Der Text enthält einige Adjektive. Schreibe sie in der Grundform aus dem Text heraus und bilde die Steigerungsformen!

   spannend, berühmt, viel, bedeutend, leicht, verständlich, interessant, witzig

Grundform	Steigerungs-/ Vergleichsstufe	Höchststufe
spannend	spannender	am spannendsten
berühmt	berühmter	am berühmtesten
viel	mehr	am meisten
bedeutend	bedeutender	am bedeutendsten
leicht	leichter	am leichtesten
verständlich	verständlicher	am verständlichsten
interessant	interessanter	am interessantesten
witzig	witziger	am witzigsten

Name:	Datum:	Lösung

Wandernde Sterne (2)

3. Unterstreiche die Adjektive, bei denen eine Steigerung keinen Sinn macht! Schreibe die anderen Adjektive mit den Steigerungsformen in dein Heft!

   spannend   berühmt   hoch   kalt   <u>eckig</u>   schmutzig   jung
   <u>rund</u>   scharf   <u>völlig</u>   windig   dünn   gefährlich
   <u>blau</u>   hell   weich   <u>schriftlich</u>   mild   <u>ewig</u>   brauchbar   nass

4. „Das" oder „dass" – setze richtig ein und unterstreiche die Adjektive im Satz!

   Ich denke, _dass_ dieses <u>zauberhafte</u> Buch dir <u>großen</u> Spaß machen wird.

   Das <u>scheue</u> Reh, _das_ im <u>dunklen</u> Wald verschwand, war nur <u>kurz</u> zu sehen.

   Man sollte es nicht für möglich halten, _dass_ immer wieder <u>vergessliche</u>

   Menschen ihren Geldbeutel im Geschäft liegen lassen. Ich bringe dir das <u>neue</u>

   Heft, _das_ du im Klassenzimmer übersehen hast.

5. Ergänze die fehlenden Wörter in der Tabelle!

Nomen (mit Artikel)	Verb (im Infinitiv)	Adjektiv
die Würze	würzen	würzig
die Helligkeit	erhellen	hell
die Gesundheit	gesunden	gesund
die Planung	planen	planbar
die Folge	folgen	folglich

6. Schreibe den folgenden Text in der sprachlich richtigen Form!

   Ufo der geheimen Welt

   Frank hat ein Raumschiff gesichtet und ist auf geheimnisvolle Weise verschwunden. Er lockt so Ben, Thomas und Miriam in ein gefährliches Abenteuer. Auf der Suche nach Frank werden sie in einem Raumschiff eingeschlossen. Damit finden sie sich bald in einer fantastischen Unterwasserstadt wieder, umgeben von seltsamen Wesen. Eine vollkommen durchgeplante und automatische Welt hält Ben und seine Freunde in Atem.

7. Bilde aus den Silben zehn Adjektive und schreibe je einen Satz dazu in dein Heft!

   achtlos, kindisch, glücklich, dauerhaft, strebsam, begehbar, launisch, wichtig,

   unerreichbar, neblig

| Name: | Datum: | **Arbeitsblatt** |

Gericht verhängt Geldstrafe (1)

Zu einer Geldstrafe von rund 400 € Schmerzensgeld wurde ein Mann von einem Gericht verurteilt. Was war geschehen? Der Mann schüttete beim Mittagessen versehentlich ein Bierglas um. Der Inhalt ergoss sich über die Kleidung und über den nur mit einer Sandale bekleideten Fuß einer Kellnerin. Diese wiederum hielt dem Gast ihren Zeh zur Reinigung hin. Der Gast fühlte sich beleidigt und biss der Frau herzhaft in den dargebotenen Zeh, sodass dabei eine blutende Wunde entstand. Das Gericht wertete diese Aktion als Körperverletzung und verhängte eine Geldstrafe.

1. Gliedere den Text in drei Sinnabschnitte und schreibe ihn fehlerfrei in dein Heft!

2. Schreibe die Wörter, die mit einem „-t" oder einem „-d" enden aus dem Text heraus!

___

___

3. Du kannst hören, ob man „-d" oder „-t" schreibt, wenn du deutlich sprichst! Lies die folgenden Wörter laut und deutlich vor und trage sie dann in die beiden Spalten ein!

Rat   Rad   Stand   fand   Mund   fort   mild   stand   steht   hart
sanft   bekannt   Freund   Geld   gilt   geplant   Geduld   gibt

Auslaut -d	Auslaut -t

4. Ergänze „-d" oder „-t" und trage die Wörter dann in die beiden Spalten ein!

die Han_   gerechne_   das Lan_   der Wal_   knall_   herrsch_   der Hun_
wil_   der Hal_   kal_   das Kin_   das Lie_   das Rin_   leich_   das Lich_
das Pfan_   der Or_

Auslaut -d	Auslaut -t

| Name: | Datum: | **Arbeitsblatt** |

Gericht verhängt Geldstrafe (2)

5. Schreibe den folgenden Text in der sprachlich richtigen Form!

   HÜHNERSCHRECK

   AUS EINEM ANDEREN URTEIL: EIN AUTOFAHRER KANN NICHT DAFÜR VERURTEILT WERDEN, WENN ER IN DER NÄHE EINES HÜHNERSTALLS SEINE AUTOTÜR LAUT ZUSCHLÄGT UND DESHALB EINIGE TIERE VOR SCHRECK VERENDEN. EIN RICHTER ENTSCHIED, DASS DER AUTOFAHRER MIT DIESER ÜBERTRIEBENEN REAKTION DER HÜHNER NICHT RECHNEN KONNTE.

6. Kreuze den fehlerfrei geschriebenen Satz an!
   - ☐ Der Autofahrer konnte nicht wissen, dass dass zuschlagen der Autotür einigen Hühnern das Leben kosten würde.
   - ☐ Der Autofahrer konnte nicht wissen, das das Zuschlagen der Autotür einige Hühnern das Leben kosten würde.
   - ☐ Der Autofahrer konnte nicht wissen, dass das Zuschlagen der Autotür einigen Hühnern das Leben kosten würde.
   - ☐ Der Autofahrer konnte nicht wissen, das dass Zuschlagen der Autotür einigen Hühnern das Leben kosten würde.

7. Welche Rechtschreibstrategie wendest du an, um die Wörter an der markierten Stelle richtig zu schreiben? Kreuze an!

   san**k**
   - ☐ Ich trenne das Wort.
   - ☐ Ich überprüfe die Wortart.
   - ☐ Ich bilde den Infinitiv.

   nichts **B**esonderes
   - ☐ Ich setze vor das Wort den Artikel.
   - ☐ Ich beachte das Signalwort.
   - ☐ Ich achte auf die Endung des Wortes.

   merkwürdig
   - ☐ Ich achte auf die Endung des Wortes.
   - ☐ Ich steigere das Wort.
   - ☐ Ich suche verwandte Worte aus der Wortfamilie.

   kna**ll**en
   - ☐ Regelwissen: Nach kurzem Selbstlaut doppelter Mitlaut.
   - ☐ Ich bilde den Infinitiv.
   - ☐ Ich bilde die erste Vergangenheit.

Name: Datum: **Lösung**

Gericht verhängt Geldstrafe (1)

1 Zu einer Geldstrafe von rund 400 € Schmerzensgeld wurde ein Mann von einem Gericht verurteilt. Was war geschehen?

2 Der Mann schüttete beim Mittagessen versehentlich ein Bierglas um. Der Inhalt ergoss sich über die Kleidung und über den nur mit einer Sandale bekleideten Fuß einer Kellnerin. Diese wiederum hielt dem Gast ihren Zeh zur Reinigung hin. Der Gast fühlte sich beleidigt und biss der Frau herzhaft in den dargebotenen Zeh, sodass dabei eine blutende Wunde entstand.

3 Das Gericht wertete diese Aktion als Körperverletzung und verhängte eine Geldstrafe.

1. Gliedere den Text in drei Sinnabschnitte und schreibe ihn fehlerfrei in dein Heft!

2. Schreibe die Wörter, die mit einem „-t" oder einem „-d" enden aus dem Text heraus!

   Gericht, verhängt, rund, Schmerzensgeld, verurteilt, Inhalt, hielt, Gast, beleidigt,

   herzhaft, entstand

3. Du kannst hören, ob man „-d" oder „-t" schreibt, wenn du deutlich sprichst!
   Lies die folgenden Wörter laut und deutlich vor und trage sie dann in die beiden Spalten ein!

   Rat   Rad   Stand   fand   Mund   fort   mild   stand   steht   hart
   sanft   bekannt   Freund   Geld   gilt   geplant   Geduld   gibt

Auslaut -d	Auslaut -t
Rad, Stand, fand, Mund, mild, stand,	Rat, fort, steht, hart, sanft, bekannt,
Freund, Geld, Geduld	gilt, geplant, gibt

4. Ergänze „-d" oder „-t" und trage die Wörter dann in die beiden Spalten ein!

   die Han_   gerechne_   das Lan_   der Wal_   knall_   herrsch_   der Hun_
   wil_   der Hal_   kal_   das Kin_   das Lie_   das Rin_   leich_   das Lich_
   das Pfan_   der Or_

Auslaut -d	Auslaut -t
Hand, Land, Wald, Hund, wild, Kind,	gerechnet, knallt, herrscht, der Halt,
Lied, Rind, Pfand	kalt, leicht, Licht, Ort

| Name: | Datum: | **Lösung** |

Gericht verhängt Geldstrafe (2)

5. Schreibe den folgenden Text in der sprachlich richtigen Form!

   Hühnerschreck

   Aus einem anderen Urteil: Ein Autofahrer kann nicht dafür verurteilt werden, wenn er in der Nähe eines Hühnerstalls seine Autotür laut zuschlägt und deshalb einige Tiere vor Schreck verenden. Ein Richter entschied, dass der Autofahrer mit dieser übertriebenen Reaktion der Hühner nicht rechnen konnte.

6. Kreuze den fehlerfrei geschriebenen Satz an!

   ☐ Der Autofahrer konnte nicht wissen, dass dass zuschlagen der Autotür einigen Hühnern das Leben kosten würde.

   ☐ Der Autofahrer konnte nicht wissen, das das Zuschlagen der Autotür einige Hühnern das Leben kosten würde.

   ☒ Der Autofahrer konnte nicht wissen, dass das Zuschlagen der Autotür einigen Hühnern das Leben kosten würde.

   ☐ Der Autofahrer konnte nicht wissen, das dass Zuschlagen der Autotür einigen Hühnern das Leben kosten würde.

7. Welche Rechtschreibstrategie wendest du an, um die Wörter an der markierten Stelle richtig zu schreiben? Kreuze an!

   sank
   - ☐ Ich trenne das Wort.
   - ☐ Ich überprüfe die Wortart.
   - ☒ Ich bilde den Infinitiv.

   nichts Besonderes
   - ☐ Ich setze vor das Wort den Artikel.
   - ☒ Ich beachte das Signalwort.
   - ☐ Ich achte auf die Endung des Wortes.

   merkwürdig
   - ☒ Ich achte auf die Endung des Wortes.
   - ☐ Ich steigere das Wort.
   - ☐ Ich suche verwandte Worte aus der Wortfamilie.

   knallen
   - ☒ Regelwissen: Nach kurzem Selbstlaut doppelter Mitlaut.
   - ☐ Ich bilde den Infinitiv.
   - ☐ Ich bilde die erste Vergangenheit.

| Name: | Datum: | **Arbeitsblatt** |

Lernt der Mensch im Schlaf? (1)

Buch unter das Kopfkissen legen – und am nächsten Morgen ist das Wissen da. Ganz so einfach geht es nicht, doch im Schlaf arbeitet unser Gehirn auf Hochtouren. Tagsüber werden die Informationen nur vorläufig in einem Zwischenspeicher abgelegt. Im Schlaf verarbeitet das Gehirn diese Informationen erneut und überträgt einige in das Langzeitgedächtnis. Dort werden sie mit bestehenden Inhalten verknüpft. Im Tiefschlaf leert das Gehirn dann den Zwischenspeicher, um wieder Platz zu schaffen für neue Eindrücke. Einige Experten raten Schülern schon zum Nickerchen nach dem Unterricht, um die Lernleistungen zu optimieren.

1. Schreibe die Fremdwörter aus dem Text heraus und erkläre die Bedeutung!

   _____

2. Kläre den Eintrag im Wörterbuch anhand folgender Fragen!

   Tour [tu:r], die; -, -en (franz.); 1. Umdrehung; 2. Ausflug, Fahrt;
   in einer Tour (*ugs. für* ohne Unterbrechung); auf Touren kommen
   (eine hohe Geschwindigkeit erreichen, *übertr. für* in Schwung kommen)

   a) Welche Bedeutung hat das Wort? → _____

   b) Aus welcher Sprache stammt das Wort? → _____

   c) Wie wird das Wort ausgesprochen? → _____

   d) Welcher Artikel steht vor dem Wort? → _____

   e) Wie wird der Genitiv gebildet? → _____

   f) Welche Bedeutung hat das Wort in der Umgangssprache?
      → _____

   g) Was bedeutet „auf Touren kommen"?
      → _____

   h) Was bedeutet „auf Touren kommen" im übertragenen Sinn?
      → _____

3. Trenne die Fremdwörter aus Aufgabe 1!

   _____

Lernt der Mensch im Schlaf? (2)

4. Baue die Fremdwörter sinnvoll in den Lückentext ein und schreibe die Sätze anschließend in dein Heft!

   In der anschließenden Diskussion beantwortete der _____ die Fragen der Zuhörer. Der Motor wird getestet und läuft auf vollen _____. Das Internet bietet eine Vielzahl an _____. Die Firma nimmt sich vor, die Abläufe bei der Herstellung der Waren zu _____. Frau Weber ist eine anerkannte _____ im Bereich der Gehirnforschung.

5. Setze im folgenden Text die Satzzeichen richtig ein und schreibe ihn in dein Heft!

   Warum eignet sich der Tiefschlaf um das Erlebte und Gelernte zu sortieren Professor Jan Born Schlafforscher an der Universität Lübeck erklärt Würde das Gehirn diesen Vorgang im Wachzustand versuchen würden wir wahrscheinlich unter Sinnestäuschungen leiden Einige Experten raten deshalb den Schülern Haltet nach dem Unterricht einen kurzen Mittagsschlaf

6. Kreuze den Satz an, der fehlerfrei geschrieben ist!

   ☐ Der Experte hat auf seiner Vortragstur viele Informationen bekommen.
   ☐ Der Experte hat auf seiner Vortragstour fiele Informationen bekommen.
   ☐ Der Experte hat auf seiner Vortragstour viele Infomationen bekommen.
   ☐ Der Experte hat auf seiner Vortragstour viele Informationen bekommen.

7. Ergänze die fehlenden Wörter in der Tabelle!

Nomen (mit Artikel)	Verb (im Infinitiv)	Adjektiv
	touren	
die Information		
das Optimum		
	erklären	
	schlafen	

| Name: | Datum: | **Lösung** |

Lernt der Mensch im Schlaf? (1)

Buch unter das Kopfkissen legen – und am nächsten Morgen ist das Wissen da. Ganz so einfach geht es nicht, doch im Schlaf arbeitet unser Gehirn auf Hochtouren. Tagsüber werden die Informationen nur vorläufig in einem Zwischenspeicher abgelegt. Im Schlaf verarbeitet das Gehirn diese Informationen erneut und überträgt einige in das Langzeitgedächtnis. Dort werden sie mit bestehenden Inhalten verknüpft. Im Tiefschlaf leert das Gehirn dann den Zwischenspeicher, um wieder Platz zu schaffen für neue Eindrücke. Einige Experten raten Schülern schon zum Nickerchen nach dem Unterricht, um die Lernleistungen zu optimieren.

1. Schreibe die Fremdwörter aus dem Text heraus und erkläre die Bedeutung!

   Hochtouren, Informationen, Experten, optimieren

2. Kläre den Eintrag im Wörterbuch anhand folgender Fragen!

   Tour [tu:r], die; -, -en (franz.); 1. Umdrehung; 2. Ausflug, Fahrt;
   in einer Tour (*ugs. für* ohne Unterbrechung); auf Touren kommen
   (eine hohe Geschwindigkeit erreichen, *übertr. für* in Schwung kommen)

   a) Welche Bedeutung hat das Wort? → 1. Umdrehung; 2. Ausflug, Fahrt
   b) Aus welcher Sprache stammt das Wort? → Französisch
   c) Wie wird das Wort ausgesprochen? → tu:r
   d) Welcher Artikel steht vor dem Wort? → die Tour
   e) Wie wird der Genitiv gebildet? → der Tour
   f) Welche Bedeutung hat das Wort in der Umgangssprache?
      → ohne Unterbrechung
   g) Was bedeutet „auf Touren kommen"?
      → eine hohe Geschwindigkeit erreichen
   h) Was bedeutet „auf Touren kommen" im übertragenen Sinn?
      → in Schwung kommen

3. Trenne die Fremdwörter aus Aufgabe 1!

   Hoch-tou-ren, In-for-ma-tio-nen, Ex-per-ten, op-ti-mie-ren

Name: Datum: **Lösung**

Lernt der Mensch im Schlaf? (2)

4. Baue die Fremdwörter sinnvoll in den Lückentext ein und schreibe die Sätze anschließend in dein Heft!

In der anschließenden Diskussion beantwortete der _____Experte_____ die Fragen der Zuhörer. Der Motor wird getestet und läuft auf vollen _____Touren_____. Das Internet bietet eine Vielzahl an _____Informationen_____. Die Firma nimmt sich vor, die Abläufe bei der Herstellung der Waren zu _____optimieren_____. Frau Weber ist eine anerkannte _____Expertin_____ im Bereich der Gehirnforschung.

5. Setze im folgenden Text die Satzzeichen richtig ein und schreibe ihn in dein Heft!

Warum eignet sich der Tiefschlaf, um das Erlebte und Gelernte zu sortieren? Professor Jan Born, Schlafforscher an der Universität Lübeck(,) erklärt: „Würde das Gehirn diesen Vorgang im Wachzustand versuchen, würden wir wahrscheinlich unter Sinnestäuschungen leiden." Einige Experten raten deshalb den Schülern: „Haltet nach dem Unterricht einen kurzen Mittagsschlaf!"

6. Kreuze den Satz an, der fehlerfrei geschrieben ist!

☐ Der Experte hat auf seiner Vortragstur viele Informationen bekommen.
☐ Der Experte hat auf seiner Vortragstour fiele Informationen bekommen.
☐ Der Experte hat auf seiner Vortragstour viele Infomationen bekommen.
☒ Der Experte hat auf seiner Vortragstour viele Informationen bekommen.

7. Ergänze die fehlenden Wörter in der Tabelle!

Nomen (mit Artikel)	Verb (im Infinitiv)	Adjektiv
die Tour	touren	touristisch
die Information	informieren	informativ
das Optimum	optimieren	optimal
die Erklärung	erklären	erklärbar
der Schlaf	schlafen	schläfrig

| Name: | Datum: | **Arbeitsblatt** |

Nachtfrost im Frühling (1)

Was für ein Schreck, als ich heute Morgen aus dem Fenster sah. Noch gestern schaukelten die Äste im Frühlingswind und die Obstbäume hatten bereits zu blühen begonnen. Dann aber kam der Nachtfrost und richtete eine Menge Unheil im Garten an. Die Blüten an den Obstbäumen sahen gestern noch frisch und kräftig aus, nun hängen sie welk an den Zweigen. Das ist schade, weil es dann im Herbst nicht so viele Früchte gibt. Auch die Blumen lassen die Köpfe hängen. Nur den Schneeglöckchen hat die Kälte nicht geschadet. Ist das nicht merkwürdig? Sie sind eben besser an die Kälte gewöhnt und können dem Nachtfrost standhalten.

1. Im Text sind mehrere Wörter mit „-ck-" und „-k-" enthalten. Schreibe sie aus dem Text heraus!

   _____

   _____

2. Wenn du deutlich sprichst, kann du hören, in welchem Fall man im Wortinneren „-ck-" oder „-k-" schreibt. Trage die Wörter in die Tabelle ein!

   Schreck   schaukeln   welken   Glocke   merken   Zucker   Haken
   zackig   geschickt   locken   blöken   Sack   spuken   spucken   Ekel   Luke

Wörter mit -ck-	Wörter mit -k-

3. Ergänze den Merksatz!

   Wörter schreibt man mit „-ck", wenn der Selbstlaut/Umlaut vor dem „k-Laut" _____ gesprochen wird, Wörter schreibt man mit „-k", wenn der Selbstlaut/Umlaut vor dem „k-Laut" _____ gesprochen wird.

4. Ergänze „-ck-" oder „-k-" und trage die Wörter in die Tabelle ein! Unterstreiche den kurz gesprochenen Selbstlaut/Umlaut!

   packen   wirklich   Fabrik   wecken   Klinik   Schicksal   Makel
   rückwärts   Bakterien   erschrecken   blicken   Direktor

Wörter mit -ck-	Wörter mit -k-

Nachtfrost im Frühling (2)

5. Im folgenden Text sind einige Fehler enthalten. Berichtige sie und schreibe den Text anschließend in dein Heft. Unterstreiche die berichtigten Wörter!

Am 21. März, wenn der Tag und die Nacht gleich lang sind, beginnt für viele Menschen die schönste Jahrezeit: der Früling. Oftmals ist der Schnee noch nicht geschmolzen, wenn als erste Frühlingsboten die Krockusse ihre zarten Blüten öffnen. Die zunehmende Kraft der Sonne macht den Frühling zu der Jahreszeit, in der das Wachstum der Pflanzen am stärksten ist.
Allerdings ist das Frühlingswetter sehr unzuverläsig, auch wenn die Tage wieder länger und die Sonnenstrahlen wärmer werden. Die Erwärmung kommt nähmlich nur langsam voran und wird durch immer wiederkehrende Nachtfröste unterbrochen. Der Zeitpunkt, zu dem drausen die ersten Anzeichen für den Frühling zu beobachten sind, richtet sich deshalb nicht so sehr nach dem Kalender als vielmehr nach den Temperaturen.

6. Setze im folgenden Text die fehlenden Satzzeichen ein!

Wärmende Sonnenstrahlen und zunehmende Temperaturen sind es schließlich die die Natur aus ihrer Winterruhe wecken Dass der Frühling ins Land zieht wird den Menschen deutlich gemacht wenn zarte Schneeglöckchen prächtige Narzissen und bunte Krokusse im Garten blühen Mit diesen ersten Vorboten beginnt der Frühling sein Werk Er lässt die Wiesen wieder in voller Blütenpracht stehen und schließt das dichte Blätterdach in den Wäldern

7. Welche Rechtschreibstrategie wendest du an, um die Wörter an der markierten Stelle richtig zu schreiben? Kreuze an!

stark
- [ ] Ich bilde den Infinitiv.
- [ ] Ich steigere das Wort.
- [ ] Ich trenne das Wort.

manches Traurige
- [ ] Ich denke über den Sinn des Wortes nach.
- [ ] Ich achte auf das Signalwort.
- [ ] Ich achte auf die Endung des Wortes.

schickt
- [ ] Regelwissen: Nach kurzem Vokal schreibt man „-ck-".
- [ ] Ich bilde den Infinitiv.
- [ ] Ich achte auf die Wortendung.

Name: Datum: **Lösung**

Nachtfrost im Frühling (1)

Was für ein Schreck, als ich heute Morgen aus dem Fenster sah. Noch gestern schaukelten die Äste im Frühlingswind und die Obstbäume hatten bereits zu blühen begonnen. Dann aber kam der Nachtfrost und richtete eine Menge Unheil im Garten an. Die Blüten an den Obstbäumen sahen gestern noch frisch und kräftig aus, nun hängen sie welk an den Zweigen. Das ist schade, weil es dann im Herbst nicht so viele Früchte gibt. Auch die Blumen lassen die Köpfe hängen. Nur den Schneeglöckchen hat die Kälte nicht geschadet. Ist das nicht merkwürdig? Sie sind eben besser an die Kälte gewöhnt und können dem Nachtfrost standhalten.

1. Im Text sind mehrere Wörter mit „-ck-" und „-k-" enthalten. Schreibe sie aus dem Text heraus!

   Schreck, schaukelten, kam, kräftig, welk, Köpfe, Schneeglöckchen, Kälte,

   merkwürdig, können

2. Wenn du deutlich sprichst, kann du hören, in welchem Fall man im Wortinneren „-ck-" oder „-k-" schreibt. Trage die Wörter in die Tabelle ein!

   Schreck schaukeln welken Glocke merken Zucker Haken
   zackig geschickt locken blöken Sack spuken spucken Ekel Luke

Wörter mit -ck-	Wörter mit -k-
Schreck, Glocke, Zucker, zackig	schaukeln, welken, merken, Haken,
geschickt, locken, Sack, spucken	blöken, spuken, Ekel, Luke

3. Ergänze den Merksatz!

   > Wörter schreibt man mit „-ck", wenn der Selbstlaut/Umlaut vor dem „k-Laut" _schnell/kurz_ gesprochen wird, Wörter schreibt man mit „-k", wenn der Selbstlaut/Umlaut vor dem „k-Laut" _langsam/lang_ gesprochen wird.

4. Ergänze „-ck-" oder „-k-" und trage die Wörter in die Tabelle ein! Unterstreiche den kurz gesprochenen Selbstlaut/Umlaut!

   p<u>a</u>cken wirklich Fabrik w<u>e</u>cken Klinik Sch<u>i</u>cksal Makel
   r<u>ü</u>ckwärts Bakterien erschr<u>e</u>cken bl<u>i</u>cken Direktor

Wörter mit -ck-	Wörter mit -k-
p<u>a</u>cken, w<u>e</u>cken, Sch<u>i</u>cksal, r<u>ü</u>ckwärts	wirklich, Fabrik, Klinik, Makel,
erschr<u>e</u>cken, bl<u>i</u>cken	Bakterien, Direktor

| Name: | Datum: | **Lösung** |

Nachtfrost im Frühling (2)

5. Im folgenden Text sind einige Fehler enthalten. Berichtige sie und schreibe den Text anschließend in dein Heft. Unterstreiche die berichtigten Wörter!

Am 21. März, wenn der Tag und die Nacht gleich lang sind, beginnt für viele Menschen die schönste <u>Jahreszeit</u>: der <u>Frühling</u>. Oftmals ist der Schnee noch nicht geschmolzen, wenn als erste Frühlingsboten die <u>Krokusse</u> ihre zarten Blüten öffnen. Die zunehmende Kraft der Sonne macht den Frühling zu der Jahreszeit, in der das Wachstum der Pflanzen am stärksten ist.
Allerdings ist das Frühlingswetter sehr <u>unzuverlässig</u>, auch wenn die Tage wieder länger und die Sonnenstrahlen wärmer werden. Die Erwärmung kommt <u>nämlich</u> nur langsam voran und wird durch immer wiederkehrende Nachtfröste unterbrochen. Der Zeitpunkt, zu dem <u>draußen</u> die ersten Anzeichen für den Frühling zu beobachten sind, richtet sich deshalb nicht so sehr nach dem Kalender als vielmehr nach den <u>Temperaturen</u>.

6. Setze im folgenden Text die fehlenden Satzzeichen ein!

Wärmende Sonnenstrahlen und zunehmende Temperaturen sind es schließlich, die die Natur aus ihrer Winterruhe wecken. Dass der Frühling ins Land zieht, wird den Menschen deutlich gemacht, wenn zarte Schneeglöckchen, prächtige Narzissen und bunte Krokusse im Garten blühen. Mit diesen ersten Vorboten beginnt der Frühling sein Werk: Er lässt die Wiesen wieder in voller Blütenpracht stehen und schließt das dichte Blätterdach in den Wäldern.

7. Welche Rechtschreibstrategie wendest du an, um die Wörter an der markierten Stelle richtig zu schreiben? Kreuze an!

stark
- ☐ Ich bilde den Infinitiv.
- ☒ Ich steigere das Wort.
- ☐ Ich trenne das Wort.

manches Traurige
- ☐ Ich denke über den Sinn des Wortes nach.
- ☒ Ich achte auf das Signalwort.
- ☐ Ich achte auf die Endung des Wortes.

schickt
- ☒ Regelwissen: Nach kurzem Vokal schreibt man „-ck-".
- ☐ Ich bilde den Infinitiv.
- ☐ Ich achte auf die Wortendung.

| Name: | Datum: | **Diktat** |

1: Anfangsbuchstabendiktat

Wenn wir __port __reiben, __roduziert unser Körper __ärme. __enn der __örper nun nicht __berhitzt werden __oll, __uss diese Wärme nach __ußen abgegeben werden. Diese __ufgabe übernimmt ein Geflecht aus __einen __lutäderchen in der Haut, die __ogenannten Blutgefäße. Sie __rweitern __ich und __önnen __eshalb viel Wärme __ach außen abgeben.

2: Lückendiktat

Die _____ und _____ Länder Europas liegen am Mittelmeer. Das _____ bestimmt hier ganz entscheidend den _____. Über die Mittagszeit, wenn die _____ am größten ist, wirken die _____ und Straßen in den Dörfern wie ausgestorben. Die _____ der meisten Häuser sind geschlossen und die Geschäfte werden erst gegen Abend wieder _____.
In dieser Zeit _____ man der Sonne aus dem Weg und bevorzugt _____ Orte.

Text Diktat 1

Wenn wir Sport treiben, produziert unser Körper Wärme. Wenn der Körper nun nicht überhitzt werden soll, muss diese Wärme nach außen abgegeben werden. Diese Aufgabe übernimmt ein Geflecht aus feinen Blutäderchen in der Haut, die sogenannten Blutgefäße. Sie erweitern sich und können deshalb viel Wärme nach außen abgeben.

Text Diktat 2

Die sonnigsten und heißesten Länder Europas liegen am Mittelmeer. Das Klima bestimmt hier ganz entscheidend den Tagesablauf. Über die Mittagszeit, wenn die Hitze am größten ist, wirken die Gassen und Straßen in den Dörfern wie ausgestorben. Die Fensterläden der meisten Häuser sind geschlossen und die Geschäfte werden erst gegen Abend wieder geöffnet.
In dieser Zeit geht man der Sonne aus dem Weg und bevorzugt schattige Orte.

Kurzdiktat mit anschließender Wörterbuchüberprüfung

Zu viel Sonne kann nicht nur der Haut schaden, sondern auch zu einem Sonnenstich führen. Wenn der unbedeckte Kopf zu lange der prallen Sonne ausgesetzt ist, kommt es zu einer Überhitzung des ganzen Körpers. Die Folgen davon sind ein hochroter Kopf, ein erhöhter Puls und in schlimmen Fällen Bewusstlosigkeit.

| Name: | Datum: | **Diktat** |

3: Anfangsbuchstabendiktat

Der ___orgen ___ämmerte bereits, als der ___äger sein Frühstück ___ereitete und
den ___chlafsack zusammenrollte. Kaum war es ___ell genug, um die ___puren
___iederzufinden, war er auch schon auf den ___einen. Die Spuren ___ührten ihn
in den ___orden, in eine Richtung, die dem ___äger nicht ___ehagte. Ihm war nicht
ganz ___ohl bei dem ___edanken, was ihn an diesem Tag ___rwarten würde.

4: Lückendiktat

Jetzt bog die _____ des Bären plötzlich nach _____
ab und lief dem in der kalten _____ dampfenden Fluss entgegen.
Der große Bär versuchte _____, den Jäger zu umgehen.
Mit einem _____ blieb der alte Trapper _____. Er
_____ eine Bewegung in den _____, die wohl dreihundert
Meter _____ einen Hügelrücken _____ – der Bär. Dort
hatte er sich aufgerichtet und _____ auf den Jäger zu warten. Der
Trapper _____ nieder und legte an.

Text Diktat 3

Der Morgen dämmerte bereits, als der Jäger sein Frühstück bereitete und den Schlafsack zusammenrollte. Kaum war es hell genug, um die Spuren wiederzufinden, war er auch schon auf den Beinen. Die Spuren führten ihn in den Norden, in eine Richtung, die dem Jäger nicht behagte. Ihm war nicht ganz wohl bei dem Gedanken, was ihn an diesem Tag erwarten würde.

Text Diktat 4

Jetzt bog die Spur des Bären plötzlich nach links ab und lief dem in der kalten Morgenluft dampfenden Fluss entgegen. Der große Bär versuchte offenbar, den Jäger zu umgehen. Mit einem Ruck blieb der alte Trapper stehen. Er vernahm eine Bewegung in den Büschen, die wohl dreihundert Meter entfernt einen Hügelrücken krönten – der Bär! Dort hatte er sich aufgerichtet und schien auf den Jäger zu warten. Der Trapper kniete nieder und legte an.

Kurzdiktat mit anschließender Wörterbuchüberprüfung

Die Entfernung war zwar sehr groß, aber das Ziel war seiner Meinung nach nicht zu verfehlen. Er folgte jeder Bewegung in den Büschen. Jetzt kam eine Lücke, frei trat der Bär heraus. Peitschend krachte der Schuss. Eilig lud der Jäger sein Gewehr nach. Hatte er getroffen? Der Bär war zusammengezuckt und dann schnell zwischen den Felsen verschwunden.

| Name: | Datum: | **Diktat** |

5: Anfangsbuchstabendiktat

Einer der ___ekanntesten und ___ktivsten Vulkane in ____uropa ist der Ätna auf ___izilien, einer ___nsel, die zu Italien ___ehört. Wenn er ___usbricht, versetzt er die ___nwohner in Angst und ___chrecken. Tausende Menchen ___erloren in der ___ergangenheit bei seinen ___usbrüchen ihr ___eben. ___arum haben sich dann ___ber immer wieder ___enschen in seiner ___ähe ___ngesiedelt und sind dem ___ulkan nicht ___erngeblieben?

6: Lückendiktat

Das _____ um den Vulkan auf _____ ist dicht besiedelt, trotz der _____ eines Vulkanausbruchs. Der Grund, warum die Menschen sich auch nach einem _____ wieder am _____ des Vulkans ansiedeln, ist leicht _____.
Asche und _____ bilden _____, _____ Böden, die beste _____ für die Landwirtschaft bieten. Diese _____ sind leicht zu bearbeiten und _____ ertragreich. So wird auf den Vulkanböden _____ um den Ätna Wein und _____ angebaut.

Text Diktat 5

Einer der bekanntesten und aktivsten Vulkane in Europa ist der Ätna auf Sizilien, einer Insel, die zu Italien gehört. Wenn er ausbricht, versetzt er die Anwohner in Angst und Schrecken. Tausende Menschen verloren in der Vergangenheit bei seinen Ausbrüchen ihr Leben. Warum haben sich dann aber immer wieder Menschen in seiner Nähe angesiedelt und sind dem Vulkan nicht ferngeblieben?

Text Diktat 6

Das Gebiet um den Vulkan auf Sizilien ist dicht besiedelt, trotz der Gefahr eines Vulkanausbruchs. Der Grund, warum die Menschen sich auch nach einem Ausbruch wieder am Fuße des Vulkans ansiedeln, ist leicht nachzuvollziehen. Asche und Lava bilden nährstoffreiche, fruchtbare Böden, die beste Voraussetzungen für die Landwirtschaft bieten. Diese Böden sind leicht zu bearbeiten und äußerst ertragreich. So wird auf den Vulkanböden rund um den Ätna Wein und Obst angebaut.

Kurzdiktat mit anschließender Wörterbuchüberprüfung

In den letzten Jahren ist neben der Landwirtschaft eine weitere wichtige Einnahmequelle entstanden: der Tourismus. Zehntausende kommen jedes Jahr aus aller Welt, um den berühmten Vulkan zu sehen. Straßen führen bis auf eine Höhe von fast 2.000 Metern. Geführte Touren bis zum Gipfel werden ebenfalls angeboten.

| Name: | Datum: | **Diktat** |

7: Anfangsbuchstabendiktat

Jahr für Jahr ___allen im Herbst ___onnenweise ___elke Blätter auf den ___aldboden. Trotzdem gibt es in der ___atur keine ___üllberge und der Wald ___rstickt nicht an ___orschen ___sten, verwelkten ___lüten oder an den Pflanzen, die ___bgestorben sind. Die ___eseitigung ___bernimmt die Natur; sie ___auert manchmal etwas ___änger, dafür geht sie aber ___roblemlos vor sich. Von den ___arten Blättern einer ___irschblüte ist zum ___eispiel schon nach ___urzer Zeit nichts ___ehr zu sehen.

8: Lückendiktat

Pflanzliche und _____ Abfälle sind ein gefundenes _____ für viele _____ wie zum Beispiel Milben, Asseln und _____. Sie machen sich über die Abfälle her, zerkleinern sie und _____ so lange, bis _____ und _____ Humus übrig bleibt. Der Abfall wird _____ zu dem, was die _____ zum _____ brauchen, zu fruchtbarer Erde, auf der sie _____ können und _____ Früchte tragen. Jeder _____ freut sich, wenn er den Humus mit seinen _____ _____ Bestandteilen im Garten _____ kann.

Text Diktat 7

Jahr für Jahr fallen im Herbst tonnenweise welke Blätter auf den Waldboden. Trotzdem gibt es in der Natur keine Müllberge und der Wald erstickt nicht an morschen Ästen, verwelkten Blüten oder an den Pflanzen, die abgestorben sind. Die Beseitigung übernimmt die Natur; sie dauert manchmal etwas länger, dafür geht sie aber problemlos vor sich. Von den zarten Blättern einer Kirschblüte ist zum Beispiel schon nach kurzer Zeit nichts mehr zu sehen.

Text Diktat 8

Pflanzliche und tierische Abfälle sind ein gefundenes Fressen für viele Kleinlebewesen wie zum Beispiel Milben, Asseln und Regenwürmer. Sie machen sich über die Abfälle her, zerkleinern sie und verdauen so lange, bis dunkler und fruchtbarer Humus übrig bleibt. Der Abfall wird wieder zu dem, was die Pflanzen zum Wachsen brauchen, zu fruchtbarer Erde, auf der sie gedeihen können und reiche Früchte tragen. Jeder Gartenbesitzer freut sich, wenn er den Humus mit seinen vielen organischen Bestandteilen im Garten ausbringen kann.

Kurzdiktat mit anschließender Wörterbuchüberprüfung

Der größte Teil unseres täglichen Abfalls ist sogenannter Biomüll. Man versteht darunter die pflanzlichen Abfälle aus der Küche und Gartenabfälle wie zum Beispiel der frisch gemähte Rasen. Im Komposthaufen sorgen die Bodenlebewesen in Verbindung mit genügend Luft und ausreichend Feuchtigkeit dafür, dass wertvoller Humus entsteht.

| Name: | Datum: | **Arbeitsblatt** |

Lernzielkontrolle „Regelwissen" (22 Punkte)

1. Finde zu den folgenden Wörtern die dazu passende Rechtschreibregel! **2**
   (Achte auf die Unterstreichung!)
   gew<u>i</u>nnen   K<u>u</u>mmer   Met<u>a</u>ll   s<u>o</u>nnig   zus<u>a</u>mmen

   _____

   _____

2. Unterstreiche bei den folgenden Wörtern den lang gesprochenen Selbstlaut/ **5**
   Umlaut und ergänze die Rechtschreibregel!

   Maße   müssen   Öse   Kuss   Gras   tosen   bloß   blass   Masse   Vase

   > Nach einem kurz gesprochenen Selbstlaut/Umlaut schreibt man _____,
   > nach einem lang gesprochenen Selbstlaut/Umlaut schreibt man _____.

3. Kreuze den Satz an, in dem alle Wörter richtig geschrieben sind! **2**
   - ☐ Manche Saurier waren so groß, dass sie fast ununterbrochen fressen mussten, wenn sie nicht verhungern wolten.
   - ☐ Manche Saurier waren so groß, dass sie fast ununterbrochen fressen mussten, wenn sie nicht verhungern wollten.
   - ☐ Manche Saurier waren so groß, dass sie fast ununterbrochen fresen mussten, wenn sie nicht verhungern wollten.

4. Unterstreiche bei den folgenden Wörtern diejenigen, die Formen der **4**
   Dehnung enthalten!

   bellen   Bahn   Dieb   Decke   eifrig   Ente   Haar   fast

   Gesetz   kühl   Laub   leeren   lahm   Mittag   Mahnung   Boot

5. Überlege: Wann schreibt man „-k-", wann schreibt man „-ck-"? **3**
   Ergänze und schreibe richtig auf!

   We___er;   Lu___e;   schre___lich;   Rü___zug;   wir___lich;   Ha___en

6. Entscheide: „das" oder „dass"! **6**

   Der Gärtner hofft, _____ der Sommer nicht zu trocken wird. Hier liegt das

   Feld, _____ abgeerntet werden muss. Das Bild, _____ Marina gemalt hatte,

   wurde von allen bewundert. Ich denke nicht, _____ mein Freund heute noch

   anruft. Sabine findet _____ Buch sehr interessant. Das Pferd, _____ sich am

   Fuß verletzt hatte, wurde vom Tierarzt untersucht.

Name: Datum: **Lösung**

Lernzielkontrolle „Regelwissen" (22 Punkte)

1. Finde zu den folgenden Wörtern die dazu passende Rechtschreibregel!   **2**
   (Achte auf die Unterstreichung!)
   gew<u>i</u>nnen   K<u>u</u>mmer   Met<u>a</u>ll   s<u>o</u>nnig   zus<u>a</u>mmen

   Nach einem kurz gesprochenen Selbstlaut wird der folgende Mitlaut verdoppelt.

2. Unterstreiche bei den folgenden Wörtern den lang gesprochenen Selbstlaut/   **5**
   Umlaut und ergänze die Rechtschreibregel!

   M<u>a</u>ße   müssen   <u>Ö</u>se   Kuss   Gr<u>a</u>s   t<u>o</u>sen   bl<u>o</u>ß   blass   Masse   V<u>a</u>se

   > Nach einem kurz gesprochenen Selbstlaut/Umlaut schreibt man __„-ss"__ ,
   >
   > nach einem lang gesprochenen Selbstlaut/Umlaut schreibt man __„-ß" oder „-s"__ .

3. Kreuze den Satz an, in dem alle Wörter richtig geschrieben sind!   **2**
   - ☐ Manche Saurier waren so groß, dass sie fast ununterbrochen fressen mussten, wenn sie nicht verhungern wolten.
   - ☒ Manche Saurier waren so groß, dass sie fast ununterbrochen fressen mussten, wenn sie nicht verhungern wollten.
   - ☐ Manche Saurier waren so groß, dass sie fast ununterbrochen fresen mussten, wenn sie nicht verhungern wollten.

4. Unterstreiche bei den folgenden Wörtern diejenigen, die Formen der   **4**
   Dehnung enthalten!

   bellen   <u>Bahn</u>   <u>Dieb</u>   Decke   eifrig   Ente   <u>Haar</u>   fast

   Gesetz   <u>kühl</u>   Laub   <u>leeren</u>   <u>lahm</u>   Mittag   <u>Mahnung</u>   <u>Boot</u>

5. Überlege: Wann schreibt man „-k-", wann schreibt man „-ck-"?   **3**
   Ergänze und schreibe richtig auf!

   We__ck__er; Lu__k__e; schre__ck__lich; Rü__ck__zug; wir__k__lich; Ha__k__en

6. Entscheide: „das" oder „dass"!   **6**

   Der Gärtner hofft, __dass__ der Sommer nicht zu trocken wird. Hier liegt das

   Feld, __das__ abgeerntet werden muss. Das Bild, __das__ Marina gemalt hatte,

   wurde von allen bewundert. Ich denke nicht, __dass__ mein Freund heute noch

   anruft. Sabine findet __das__ Buch sehr interessant. Das Pferd, __das__ sich am

   Fuß verletzt hatte, wurde vom Tierarzt untersucht.

Name:	Datum:	**Arbeitsblatt**

Lernzielkontrolle „Ableitungen" (36 Punkte)

1. Finde jeweils zwei Wörter mit folgenden Endungen! 8

    -heit: _____

    -keit: _____

    -ung: _____

    -schaft: _____

2. Adjektive kann man an ganz bestimmten Endungen erkennen. Schreibe vier 8
solcher Endungen auf und finde jeweils zwei Wörter dazu!

    -_____ : _____

    -_____ : _____

    -_____ : _____

    -_____ : _____

3. Finde sechs Wörter aus der Wortfamilie „schreiben"! 6

    _____

    _____

4. Entscheide! 6

    a) b oder p: der Kor___; das Bioto___; er ga___; plum___

    b) g oder k: der Honi___; mäßi___; der Zan___; der Win___

    c) d oder t: har___; blon___; das Hem___; to___

5. Bilde den Plural! 4

    das Geheimnis – die _____   das Band – die _____

    die Wand – die _____   der Hund – die _____

    der Zug – die _____   das Tal – die _____

    die Schule – die _____   der Spaß – die _____

6. Bilde den Infinitiv! 4

    kam – _____   geordnet – _____

    singend – _____   schrie – _____

    gehoben – _____   „Dreh!" – _____

    sah – _____   kochte – _____

Name: Datum: **Lösung**

Lernzielkontrolle „Ableitungen" (36 Punkte)

1. Finde jeweils zwei Wörter mit folgenden Endungen!   **8**

   -heit: z. B. Gesundheit, Neuheit

   -keit: z. B. Aufmerksamkeit, Heiterkeit

   -ung: z. B. Planung, Erhebung

   -schaft: z. B. Gemeinschaft, Errungenschaft

2. Adjektive kann man an ganz bestimmten Endungen erkennen. Schreibe vier solcher Endungen auf und finde jeweils zwei Wörter dazu!   **8**

   -lich : herzlich, schriftlich   -ig : ständig, weitläufig

   -sam : einsam, langsam   -isch : kindisch, komisch

   -los : erfolglos, neidlos   -bar : wunderbar, sonderbar

   -haft : gewissenhaft, schreckhaft

3. Finde sechs Wörter aus der Wortfamilie „schreiben"!   **6**

   das Schreiben, abschreiben, die Schrift, schriftlich, Schriftverkehr,

   beschreiben, beschriften, beschreibbar

4. Entscheide!   **6**

   a) b oder p: der Kor_b_ ; das Bioto_p_ ; er ga_b_ ; plum_p_

   b) g oder k: der Honi_g_ ; mäßi_g_ ; der Zan_k_ ; der Win_k_

   c) d oder t: har_t_ ; blon_d_ ; das Hem_d_ ; to_t_

5. Bilde den Plural!   **4**

   das Geheimnis – die Geheimnisse   das Band – die Bänder

   die Wand – die Wände   der Hund – die Hunde

   der Zug – die Züge   das Tal – die Täler

   die Schule – die Schulen   der Spaß – die Späße

6. Bilde den Infinitiv!   **4**

   kam – kommen   geordnet – ordnen

   singend – singen   schrie – schreien

   gehoben – heben   „Dreh!" – drehen

   sah – sehen   kochte – kochen

| Name: | Datum: | **Arbeitsblatt** |

Lernzielkontrolle „Nachschlagen von Wörtern"
(22 Punkte)

1. Nenne jeweils die Sprache, aus der das Wort stammt. Bilde dann die **4**
   Singular- und Pluralformen mit dem passenden Artikel!

   Infektion: _____

   Derwisch: _____

   Baby: _____

   Garage: _____

2. Wie werden die beiden folgenden Wörter ausgesprochen? Wie ist die **3**
   Aussprache gekennzeichnet?

   Clown: _____ fair: _____

   Gekennzeichnet wird die Aussprache durch _____ .

3. Beantworte die folgenden Fragen! Belege deine Antworten mit den **4**
   entsprechenden Angaben aus dem Wörterbuch!

   kahl: Wie wird das „a" gesprochen? → _____

   Bronze: Wie wird dieses Wort ausgesprochen? → _____

   Gliederung: Wie wird hier getrennt? → _____

   erklimmen: Wie wird das „i" gesprochen? → _____

4. Das Wort „leicht" kannst du mit anderen Wörtern zusammensetzen. **3**
   Schreibe zwei Adjektive, zwei Verben und zwei Nomen auf!

   _____

   _____

5. Beschreibe die Bedeutung des Wortes „festhalten"! **4**

   _____

   _____

6. Was bedeutet der folgende Eintrag im Wörterbuch? Ergänze den Lückentext! **4**

   Schiff, das; -[e]s, -e

   Der Artikel für das Wort „Schiff" lautet: _____ . Der Genitiv kann mit zwei

   Formen gebildet werden: *des* _____ oder *des* _____ .

   Der Plural lautet: _____ .

Name:	Datum:	Lösung

Lernzielkontrolle „Nachschlagen von Wörtern"
(22 Punkte)

1. Nenne jeweils die Sprache, aus der das Wort stammt. Bilde dann die **4**
Singular- und Pluralformen mit dem passenden Artikel!

   Infektion: Latein; die Infektion, die Infektionen

   Derwisch: Persisch; der Derwisch, die Derwische

   Baby: Englisch; das Baby, die Babys

   Garage: Französisch; die Garage, die Garagen

2. Wie werden die beiden folgenden Wörter ausgesprochen? Wie ist die **3**
Aussprache gekennzeichnet?

   Clown: [klaun]   fair: [fär]

   Gekennzeichnet wird die Aussprache durch eckige Klammern.

3. Beantworte die folgenden Fragen! Belege deine Antworten mit den **4**
entsprechenden Angaben aus dem Wörterbuch!

   kahl: Wie wird das „a" gesprochen? → lang und betont; kāhl

   Bronze: Wie wird dieses Wort ausgesprochen? → [Brōse]

   Gliederung: Wie wird hier getrennt? → Glie – de – rung

   erklimmen: Wie wird das „i" gesprochen? → kurz und betont: erklimmen

4. Das Wort „leicht" kannst du mit anderen Wörtern zusammensetzen. **3**
Schreibe zwei Adjektive, zwei Verben und zwei Nomen auf!

   leichtsinnig, leichtfertig, leichtfallen, leichtnehmen, Leichtathlet, Leichtgewicht

5. Beschreibe die Bedeutung des Wortes „festhalten"! **4**

   a) eine Aussage schriftlich festhalten (aufschreiben)

   b) Jemanden eine bestimmte Zeit festhalten (einsperren)

6. Was bedeutet der folgende Eintrag im Wörterbuch? Ergänze den Lückentext! **4**

   Schiff, das; -[e]s, -e

   Der Artikel für das Wort „Schiff" lautet: das. Der Genitiv kann mit zwei

   Formen gebildet werden: *des* Schiffs oder *des* Schiffes.

   Der Plural lautet: die Schiffe.

| Name: | Datum: | **Arbeitsblatt** |

Lernzielkontrolle „Rechtschreibstrategien"
(22 Punkte)

1. Gib zu den folgenden Beispielen jeweils das Problem und die passende **20**
   Rechtschreibstrategie an!
   Verwende bei der Strategie jeweils den Imperativ (die Befehlsform)!

   a) Unzurechnungsfähigkeit

   Problem: _____

   Strategie: _____

   b) gehoben   Problem: _____

   Strategie: _____

   c) der Sarg   Problem: _____

   Strategie: _____

   d) nichts Gutes   Problem: _____

   Strategie: _____

   e) sanft   Problem: _____

   Strategie: _____

   f) Blüte   Problem: _____

   Strategie: _____

   g) erbarmungslos   Problem: _____

   Strategie: _____

   h) kam oder Kamm?   Problem: _____

   Strategie: _____

   i) wohnen   Problem: _____

   Strategie: _____

   j) Trägheit   Problem: _____

   Strategie: _____

2. Welche Rechtschreibstrategie wendest du an, um das Wort an der markierten **2**
   Stelle richtig zu schreiben?

   ☐ Ich steigere das Wort.

   glücklich ☐ Ich bilde den Infinitiv.

   ☐ Ich achte auf die Endung.

| Name: | Datum: | **Lösung** |

Lernzielkontrolle „Rechtschreibstrategien"
(22 Punkte)

1. Gib zu den folgenden Beispielen jeweils das Problem und die passende Rechtschreibstrategie an! **20**
   Verwende bei der Strategie jeweils den Imperativ (die Befehlsform)!

   a) Unzurechnungsfähigkeit

   Problem: Keinen Buchstaben, keine Silbe vergessen!

   Strategie: Trenne das Wort in einzelne Silben!

   b) gehoben   Problem: Schreibung mit „b" oder „p"?

   Strategie: Bilde die Infinitivform! heben mit „b"

   c) der Sarg   Problem: Auslautendung mit „-g" oder „-k"?

   Strategie: Bilde den Plural des Wortes! der Sarg – die Särge

   d) nichts Gutes   Problem: Groß- oder Kleinschreibung?

   Strategie: Beachte das Signalwort! nichts Gutes

   e) sanft   Problem: Auslautendung mit „-d" oder „-t"?

   Strategie: Steigere das Adjektiv! sanft – sanfter

   f) Blüte   Problem: Groß- oder Kleinschreibung?

   Strategie: Setze vor das Wort den Artikel! die Blüte

   g) erbarmungslos Problem: Groß- oder Kleinschreibung?

   Strategie: Achte auf die Endung des Wortes! erbarmungslos

   h) kam oder Kamm? Problem: Welches Wort muss ich verwenden?

   Strategie: Denke über den Sinn des Wortes nach! Er kam hier an –
              aber: Der Kamm ist zerbrochen.

   i) wohnen   Problem: Schreibung mit oder ohne „-h-"?

   Strategie: Suche ein verwandtes Wort aus der Wortfamilie!
              die Wohnung, Wohngebäude, wohnlich, bewohnen

   j) Trägheit   Problem: Groß- oder Kleinschreibung?

   Strategie: Achte auf die Endung des Wortes! Trägheit

2. Welche Rechtschreibstrategie wendest du an, um das Wort an der markierten **2**
   Stelle richtig zu schreiben?

   ☐ Ich steigere das Wort.
   glücklich   ☐ Ich bilde den Infinitiv.
   ☒ Ich achte auf die Endung.

Name:	Datum:	**Arbeitsblatt**

Rechtschreibtest 1 (A) (43 Punkte)

1. Schreibe den Text möglichst fehlerfrei ab und überprüfe mit dem Wörterbuch! 6

   Das Deutsche Museum in München befindet sich auf einer ehemaligen Sandbank in der Isar. Die Insel gilt als der Ort, an dem die Stadt München gegründet wurde. Aufgrund der Hochwassergefahr wurde sie zunächst nicht bebaut. Im Jahr 1903 erklärte sich dann jedoch der Stadtrat bereit, das Gelände für den Bau des Museums zur Verfügung zu stellen.

2. Schreibe die Nomen im Singular und Plural mit den jeweiligen Begleitern aus dem Text heraus (ohne die Nomen Gelände, Bau, Verfügung)! 4

   _____
   _____
   _____
   _____

3. Finde zur folgenden Regel vier Beispiele: 4

   „Nach einem kurzen Selbstlaut/Vokal wird der Mitlaut/Konsonant verdoppelt."

   _____

4. Kreuze den richtig geschriebenen Satz an! 2

   ☐ Bei der Eröffnung des Neubaus im Jahr 1925 waren die Bauarbeiten noch nicht völig abgeschlossen.

   ☐ Bei der Eröffnung des Neubaus im Jahr 1925 waren die Bauarbeiten noch nicht völlig abgeschlossen.

   ☐ Bei der Eröffnung des Neubaus im Jahr 1925 waren die Bauarbeiten noch nicht völlig abgeschlosen.

5. Im folgenden Text fehlen die Satzzeichen. Setze sie richtig ein! 8

   Das Deutsche Museum ist mit rund 28 000 ausgestellten Objekten aus rund 50 Bereichen der Naturwissenschaften und der Technik das größte naturwissenschaftlich-technische Museum der Welt Immer wieder stellen Besucher die Frage Wie viele Menschen besuchen jährlich das Museum Die Antwort zeigt welche Bedeutung dieses Museum hat. Rund 1,5 Millionen Menschen wollen es jährlich sehen Was für eine Menge an interessierten Besuchern

| Name: | Datum: | **Arbeitsblatt** |

Rechtschreibtest 1 (B) (43 Punkte)

6. Welche Rechtschreibstrategie wendest du an, um das Wort an der markierten **6**
   Stelle richtig zu schreiben? Kreuze an!

   Satzergänzung
   ☐ Ich setze einen Artikel vor das Wort.
   ☐ Ich bilde den Plural.
   ☐ Ich trenne nach Silben und spreche genau mit.

   stahl
   ☐ Ich trenne das Wort.
   ☐ Ich bilde den Infinitiv.
   ☐ Ich bilde die erste Vergangenheit.

   Stahl
   ☐ Ich denke über den Sinn des Wortes nach.
   ☐ Ich überprüfe die Wortart.
   ☐ Ich achte auf die Endung des Wortes.

7. Nenne vier Endungen, an denen du Adjektive erkennen kannst, und gib **8**
   jeweils zwei Beispiele an!

   _____
   _____
   _____

8. Bilde fünf Sätze zu folgendem Bild! **5**

90

Name: Datum: **Lösung**

Rechtschreibtest 1 (A)   (43 Punkte)

1. Schreibe den Text möglichst fehlerfrei ab und überprüfe mit dem Wörterbuch! **6**

   Das Deutsche Museum in München befindet sich auf einer ehemaligen Sandbank in der Isar. Die Insel gilt als der Ort, an dem die Stadt München gegründet wurde. Aufgrund der Hochwassergefahr wurde sie zunächst nicht bebaut. Im Jahr 1903 erklärte sich dann jedoch der Stadtrat bereit, das Gelände für den Bau des Museums zur Verfügung zu stellen.

2. Schreibe die Nomen im Singular und Plural mit den jeweiligen Begleitern aus dem Text heraus (ohne die Nomen Gelände, Bau, Verfügung)! **4**

   das Museum – die Museen; die Sandbank – die Sandbänke; die Insel – die Inseln;

   der Ort – die Orte; die Stadt – die Städte; die Hochwassergefahr –

   die Hochwassergefahren; das Jahr – die Jahre; der Stadtrat – die Stadträte

3. Finde zur folgenden Regel vier Beispiele: **4**

   „Nach einem kurzen Selbstlaut/Vokal wird der Mitlaut/Konsonant verdoppelt."

   z. B. fallen   Kamm   zusammen   beginnen

4. Kreuze den richtig geschriebenen Satz an! **2**

   ☐ Bei der Eröffnung des Neubaus im Jahr 1925 waren die Bauarbeiten noch nicht völig abgeschlossen.

   ☒ Bei der Eröffnung des Neubaus im Jahr 1925 waren die Bauarbeiten noch nicht völlig abgeschlossen.

   ☐ Bei der Eröffnung des Neubaus im Jahr 1925 waren die Bauarbeiten noch nicht völlig abgeschlosen.

5. Im folgenden Text fehlen die Satzzeichen. Setze sie richtig ein! **8**

   Das Deutsche Museum ist mit rund 28 000 ausgestellten Objekten aus rund 50 Bereichen der Naturwissenschaften und der Technik das größte naturwissenschaftlich-technische Museum der Welt. Immer wieder stellen Besucher die Frage: „Wie viele Menschen besuchen jährlich das Museum?" Die Antwort zeigt, welche Bedeutung dieses Museum hat. Rund 1,5 Millionen Menschen wollen es jährlich sehen. Was für eine Menge an interessierten Besuchern!

| Name: | Datum: | **Lösung** |

Rechtschreibtest 1 (B) (43 Punkte)

6. Welche Rechtschreibstrategie wendest du an, um das Wort an der markierten **6**
   Stelle richtig zu schreiben? Kreuze an!

   Satzergänzung
   - [ ] Ich setze einen Artikel vor das Wort.
   - [ ] Ich bilde den Plural.
   - [x] Ich trenne nach Silben und spreche genau mit.

   stahl
   - [ ] Ich trenne das Wort.
   - [x] Ich bilde den Infinitiv.
   - [ ] Ich bilde die erste Vergangenheit.

   Stahl
   - [x] Ich denke über den Sinn des Wortes nach.
   - [ ] Ich überprüfe die Wortart.
   - [ ] Ich achte auf die Endung des Wortes.

7. Nenne vier Endungen, an denen du Adjektive erkennen kannst, und gib **8**
   jeweils zwei Beispiele an!

   -ig: felsig, flüssig; -isch: kindisch, fantastisch; -lich: glücklich, herzlich;

   -sam: aufmerksam, bedeutsam; -los: hoffnungslos, herzlos;

   -bar: wunderbar, erklärbar; -haft: zauberhaft, herzhaft

8. Bilde fünf Sätze zu folgendem Bild! **5**

| Name: | Datum: | **Arbeitsblatt** |

Rechtschreibtest 2 (A) (46 Punkte)

1. Im Text sind einige Fehler enthalten. Schreibe die fehlerhaften Wörter in der richtigen Schreibweise aus dem Text heraus! **6**

   Eine Botsfahrt vom Oberlauf des Amazonas bis zu seiner mündung dauert merere Monate. Ununterbrochen begleiten den Strom auf beiden Ufern die undurchdringlichen, grünen Mauern des Urwalds. Herden von Affen greischen, Papageien mischen ihre knarenden Stimmen dazwischen, ein höllisches Konzert. Aus versumpften Uferstrecken ergiesen sich Schwärme stechender Insekten und werden den Bootswanderern zur Qual.

   _____

   _____

2. Setze die Wörter „das" und „dass" richtig ein! **6**

   Das Boot, _____ auf dem Amazonas treibt, ist mit mehreren Personen besetzt. Ich denke, _____ der Urwald auf beiden Seiten des Stroms den Bootsfahrern unheimlich erscheint. Die Bootswanderer hören, _____ die Affen einen höllischen Lärm verursachen. Das Geräusch, _____ jetzt deutlich zu hören ist, stammt von einem Wasserfall. Der Führer des Bootes sieht _____ Unheil auf die Gruppe zukommen. Er hofft, _____ sich das Unglück noch vermeiden lässt.

3. Ergänze die fehlenden Wörter in der Tabelle! **5**

Nomen (mit Artikel)	Verb (im Infinitiv)	Adjektiv
der Kummer		
		farbig
	ermächtigen	
		leblos
		erklärbar

4. Nenne vier Endungen, an denen du Nomen erkennst, und gib jeweils zwei Beispiele an! **8**

   _____

   _____

   _____

Rechtschreibtest 2 (B) (46 Punkte)

5. Kläre den Wörterbucheintrag anhand folgender Fragen! 6

   F<u>oh</u>|len, das; -s, - (junges Pferd)

   a) Was ist ein Fohlen? → _____
   b) Welcher Artikel steht vor dem Wort? → _____
   c) Wie wird der Genitiv gebildet? → _____
   d) Wie wird der Plural gebildet? → _____
   e) Wie wird das Wort getrennt? → _____
   f) Wie wird der erste Selbstlaut gesprochen? → _____

6. Bringe den Text in die sprachlich richtige Form! 6

   Dieluftistdrückendheiß. Mehrmalsamtagprasseltwolkenbruchartigerregen herab, vonblitzunddonnerbegleitet. Indenpausenstichtwiederdiesonne unerbittlichvom wolkenlosenhimmel. Europäerkönnendasmörderischeklima dieser grünenhöllenichtaufdauerertragen.

7. Finde Beispiele für Wörter mit Dehnung. Ergänze die Tabelle! 5

Dehnung durch -h-	Dehnung durch -ie-	Dehnung durch -aa-, -ee-, -oo-

8. Welche Rechtschreibstrategie wendest du an, um das Wort an der markierten Stelle richtig zu schreiben? Kreuze an! 4

   f<u>a</u>belhaft
   ☐ Ich achte auf die Endung des Wortes.
   ☐ Ich steigere das Wort.
   ☐ Ich trenne das Wort.

   nichts <u>N</u>eues
   ☐ Ich denke über den Sinn des Wortes nach.
   ☐ Ich bilde den Infinitiv.
   ☐ Ich achte auf das Signalwort.

| Name: | Datum: | **Lösung** |

Rechtschreibtest 2 (A)   (46 Punkte)

1. Im Text sind einige Fehler enthalten. Schreibe die fehlerhaften Wörter in der richtigen Schreibweise aus dem Text heraus!   6

   Eine ~~Botsfahrt~~ vom Oberlauf des Amazonas bis zu seiner ~~mündung~~ dauert ~~merere~~ Monate. Ununterbrochen begleiten den Strom auf beiden Ufern die undurchdringlichen, grünen Mauern des Urwalds. Herden von Affen ~~greischen~~, Papageien mischen ihre ~~knarenden~~ Stimmen dazwischen, ein höllisches Konzert. Aus versumpften Uferstrecken ~~ergiesen~~ sich Schwärme stechender Insekten und werden den Bootswanderern zur Qual.

   Bootsfahrt, Mündung, mehrere, kreischen, knarrenden, ergießen

2. Setze die Wörter „das" und „dass" richtig ein!   6

   Das Boot, __das__ auf dem Amazonas treibt, ist mit mehreren Personen besetzt. Ich denke, __dass__ der Urwald auf beiden Seiten des Stroms den Bootsfahrern unheimlich erscheint. Die Bootswanderer hören, __dass__ die Affen einen höllischen Lärm verursachen. Das Geräusch, __das__ jetzt deutlich zu hören ist, stammt von einem Wasserfall. Der Führer des Bootes sieht __das__ Unheil auf die Gruppe zukommen. Er hofft, __dass__ sich das Unglück noch vermeiden lässt.

3. Ergänze die fehlenden Wörter in der Tabelle!   5

Nomen (mit Artikel)	Verb (im Infinitiv)	Adjektiv
der Kummer	kümmern	kümmerlich
die Farbe	färben	farbig
die Macht	ermächtigen	mächtig
das Leben	leben	leblos
die Erklärung	erklären	erklärbar

4. Nenne vier Endungen, an denen du Nomen erkennst, und gib jeweils zwei Beispiele an!   8

   -heit: Berühmtheit, Dummheit; **-keit**: Belastbarkeit, Heiterkeit;

   -ung: Verzeihung, Witterung; **-schaft**: Verwandtschaft, Errungenschaft

| Name: | Datum: | Lösung |

Rechtschreibtest 2 (B) (46 Punkte)

5. Kläre den Wörterbucheintrag anhand folgender Fragen! **6**

    F<u>oh</u>|len, das; -s, - (junges Pferd)

    a) Was ist ein Fohlen? → <u>junges Pferd</u>
    b) Welcher Artikel steht vor dem Wort? → <u>das Fohlen</u>
    c) Wie wird der Genitiv gebildet? → <u>des Fohlens</u>
    d) Wie wird der Plural gebildet? → <u>die Fohlen</u>
    e) Wie wird das Wort getrennt? → <u>Foh – len</u>
    f) Wie wird der erste Selbstlaut gesprochen? → <u>lang</u>

6. Bringe den Text in die sprachlich richtige Form! **6**

    Die Luft ist drückend heiß. Mehrmals am Tag prasselt wolkenbruchartiger Regen herab, von Blitz und Donner begleitet. In den Pausen sticht wieder die Sonne unerbittlich vom wolkenlosen Himmel. Europäer können das mörderische Klima dieser grünen Hölle nicht auf Dauer ertragen.

7. Finde Beispiele für Wörter mit Dehnung. Ergänze die Tabelle! **5**

Dehnung durch -h-	Dehnung durch -ie-	Dehnung durch -aa-, -ee-, -oo-
Bohne	Wiese	Saal
Einbahnstraße	siegen	Meer
gewöhnlich	Ziege	Moor
angenehm	niedrig	Paar
nehmen	Miesepeter	Aal

8. Welche Rechtschreibstrategie wendest du an, um das Wort an der markierten Stelle richtig zu schreiben? Kreuze an! **4**

    <u>f</u>abelhaft
    ☒ Ich achte auf die Endung des Wortes.
    ☐ Ich steigere das Wort.
    ☐ Ich trenne das Wort.

    nichts <u>N</u>eues
    ☐ Ich denke über den Sinn des Wortes nach.
    ☐ Ich bilde den Infinitiv.
    ☒ Ich achte auf das Signalwort.